TOP 100 HÄUSER

THOMAS DREXEL

TOP 100 HÄUSER

Preiswert, individuell, zeitlos

Deutsche Verlags-Anstalt München

INHALTSVERZEICHNIS

VORWORT

TOP 100 HÄUSER – ein Titel mit Anspruch. Die in diesem Band vorgestellten Häuser markieren den Stand der Dinge in Sachen Wohnarchitektur. Es handelt sich um 100 nach strengsten Kriterien ausgewählte, nach der Planung von Architektinnen und Architekten neu errichtete Wohngebäude für Familien mit Kindern, Ehepaare und auch Singles, die ihre herausragende Architektur und Innenraumgestaltung gemeinsam haben. Sie stehen für 100 Variationen des Themas in all seinen Facetten – sei es in puncto Gestaltung, Raumaufteilung oder Bautechnik. Anwesen für kleine Familien finden sich ebenso wie solche für große Haushalte, moderne Holzhäuser ebenso wie massive Bauten, weiße Kuben ebenso wie gläserne Kunstwerke, ob Flachdach, Pultdach oder Satteldach, ob Glasfassade, Putz oder Holz, ob in Stadt, Vorstadt, Dorf oder abgelegen auf dem Land, finden sich alle vorgestellten Beispiele zusammen unter dem Dach der gemeinsamen Qualität.

Hauptauswahlkriterien waren eine hohe Individualität in der Architektur, die souveräne Beherrschung der Formensprache, eine preisbewusste Planung – jeweils im Rahmen des baulichen Standards –, eine funktionale Raumorganisation und eine kreative Innenarchitektur. Schwerpunkt der Darstellung sind Wohnhäuser aus Deutschland, Österreich und der Schweiz, herausragende Beispiele aus Großbitannien – hier das Wohnhaus von Graham Phillips, Senior Partner von Foster and Partners –, Frankreich, Belgien, Spanien, den USA und Taiwan vervollständigen das Bild.

Es geht hier nicht darum, ein abgehobenes »Best of« der 100 teuersten »Traumhäuser« vorzustellen, sondern 100 vorbildhafte Projekte für alle Bedürfnisse, vielfältige Voraussetzungen und für die unterschiedlichsten finanziellen Möglichkeiten zu zeigen – Häuser, die gleichsam als Blaupausen für das persönliche Bauvorhaben herangezogen werden können. Bei dem Gros der vertretenen Häuser handelt es sich um vollwertige Einfamilienhäuser, es sind aber auch einige außergewöhnliche Beispiele für kleine Einheiten und Erweiterungen vertreten.

Sämtliche Häuser wurden genau geprüft, eingehend textlich beschrieben, mit Grundrissen und Schnitten illustriert und nicht zuletzt durch die Fotografien ins rechte Licht gerückt. So ist das Buch nicht nur eine Bestandsaufnahme der zeitgenössischen Wohnarchitektur, sondern auch ein höchst nützlicher Ratgeber, der eine Vielzahl von außergewöhnlichen Ideen und verwertbaren praktischen Ratschlägen für die eigenen Bauvorhaben und die Gestaltung der eigenen vier Wände liefert.

Insgesamt 100 Häuser für große und kleine Träume aller Art, für die verschiedensten Geschmäcker – zum Schmökern und auch zum »Nachmachen«!

Thomas Drexel

GROSSES VOLUMEN IN KOMPAKTEM KLEID

Als Bestandteil einer Wohnanlage mit sechs frei stehenden Einfamilienhäusern geplant, hatte das Projekt der Familie Urlberger-Kaci zunächst gar keinen so glatten Start. Ein in der Nachbarschaft vorhandenes denkmalgeschütztes Anwesen führte zur Vorgabe eines Satteldachs. Da zunächst ein Flachdach geplant gewesen war, empfanden dies Bauherren und Planer zunächst als Einschränkung, jedoch erwies sich dies im Nachhinein sogar der architektonischen Kreativität als förderlich. Und nicht zuletzt war es mit dem Erdgeschoss und zwei Dachgeschossen möglich, in einem hoch kompakten Baukörper eine beträchtliche Wohnfläche unterzubringen (3). Die Dachneigung von nahe 45° schafft unter dem First Platz für zwei vollwertige Räume mit 15,2 beziehungsweise 17,6 Quadratmetern. Die Bereiche Wohnen, Essen (2) und Kochen sind um das zentrale Treppenhaus organisiert, das zur Küche hin vollständig verglast ist und somit den Raumzusammenhang nicht unterbricht. Die gefaltete zweiholmige Stahltreppe mit Tritten und Handläufen aus Massivholz spielt die Rolle einer faszinierenden Raumskulptur, die sich durchs ganze Haus streckt und gleichsam wie durch eine Vitrine zur Schau stellt (1). Die lichte Gesamtwirkung des Hausinneren korrespondiert mit dem weißen Filzputz der Fassaden, der die klare Gebäudeform ebenso wirkungsvoll unterstreicht wie die glatten, anthrazitfarbenen Dachziegel. Ein eichenholzsichtiger, überdachter Eingangsbereich fängt den Blick bei der Annäherung an das Haus. Ein großes Musterbeispiel für den Umgang mit genehmigungsrechtlichen Vorgaben und die optimale Ausnutzung der räumlichen Möglichkeiten.

1

2

WICHTIGE BAUDATEN

Bauaufgabe: Neubau für eine Familie mit Kindern
Standort: Essen
Bauzeitraum: 2005 (6 Monate)
Grundstücksfläche: 613 m^2
Wohnfläche: 230 m^2
Umbauter Raum (BRI): 1.350 m^3
Bauweise: Massivbauweise (Ziegelmauerwerk, Keller Stahlbeton)
Energiekonzept: Gas-Brennwerttherme, Wärmeabgabe überwiegend über Fußbodenheizung
Jahresheizwärmebedarf: ca. 58 kWh/m^2
Baukosten: ca. 410.000 Euro

Grundriss Erdgeschoss

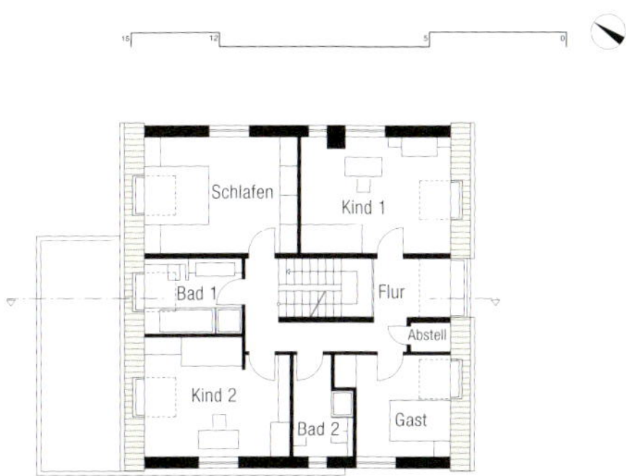

Obergeschoss

ARGE SI+
RAINER PIRKER ARCHITEXTURE, Wien/Österreich
ALLESWIRDGUT, Wien/Österreich

Konstruktion/Statik:
WERKRAUM_WIEN

1

2

EIN GOLDSTÜCK ZUM WOHNEN

Wenn die Architektur von der Vorstellung ausgeht, wie die Körperlichkeit, Oberflächenstruktur und Farbigkeit eines Metallklumpens bearbeitet, zersägt, geschliffen, ausgehöhlt und auf ein Vielfaches seiner Größe gebracht werden kann, so mag das Ergebnis dem Golden Nugget House recht nahe kommen. Die für dessen Entstehung verantwortlich zeichnenden Architekturbüros Rainer Pirker und AllesWirdGut schufen im Wiener Villenviertel Hietzing ein kunstvoll vielgestaltiges Gebilde, das von nur marginal unterschiedlicher Perspektive ständig neue Ansichten eröffnet. Deutlich abgerückt vom klassisch modernen, kubischen Haus mit Flachdach fließen hier Fassaden und Dach gleich flüssigem und anschließend bearbeitetem Metall ineinander. Zur Straße hin grenzt sich der Nugget durch seine weithin geschlossen wirkende Hülle und zusätzlich durch eine betonierte Mauer ab (3). Umso überraschender dann die Wirkung beim Eintreten in den geschützten Hof, von dem aus sich der Durchblick zu einem eingetieften Gartenbereich bietet (2). Der Goldklumpen scheint nun über einem hoch transparenten Erdgeschoss zu schweben, das in sich und zum parkähnlichen Garten geöffnet ist. Zum Garten hin gleich einem futuristischen Gebilde aufgestelzt, verbinden hier abgestuft situierte Terrassen das Dasein Drinnen und Draußen (1/2). Das privatere Schlafgeschoss mit den Zimmern der Eltern und der Kinder verbirgt sich dagegen in dem goldenen Kokon. Wegeverbindungen, Lineaturen und Blickrichtungen im Äußeren wie im Inneren laufen bei diesem Haus selten parallel, sondern queren sich, laufen auseinander oder aufeinander zu. Die starke, von der Umfeldsituation beeinflusste Gebäudeplastik stülpt sich auch nach innen, wo sich das Raumerleben ähnlich ungewöhnlich darstellt wie im Äußeren. Ein Haus mit hoher Transparenz und hoher Geschlossenheit, bei dem jede Bewegung eine neue Wahrnehmung des räumlichen Zusammenhangs schafft.

WICHTIGE BAUDATEN

Bauaufgabe: Neubau für eine Familie mit zwei Kindern
Standort: Wien-Hietzing
Bauzeitraum: 2002–2003 (15 Monate)
Grundstücksfläche: 1.484 m^2
Wohnnutzfläche: 456 m^2
Umbauter Raum (BRI): ca. 1.700 m^3
Bauweise: Stahlbeton, teils Leichtbauwände, hinterlüftete Fassade
Energiekonzept: Gas-Brennwerttherme
mit solarer Warmwasseraufbereitung
Baukosten gesamt: keine Angaben

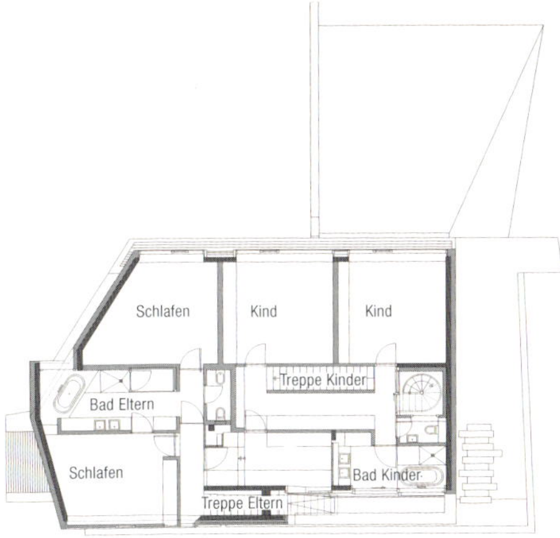

Grundriss Ebene 2

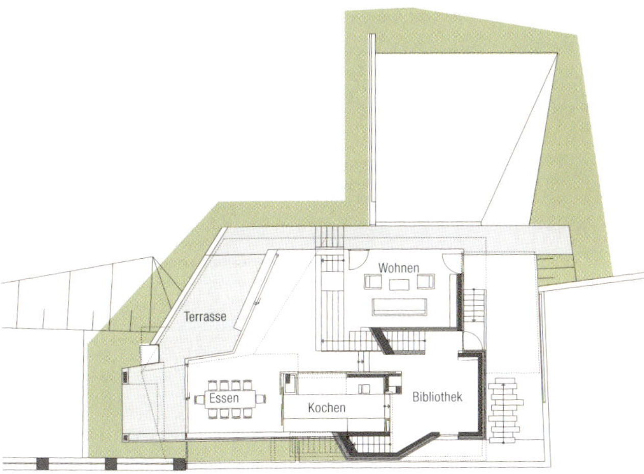

Grundriss Ebene 1

3

ARTEC ARCHITEKTEN
BETTINA GÖTZ, RICHARD MANAHL,
Wien/Österreich

EIN REFUGIUM IN FREIER LANDSCHAFT

Strebt ein ansonsten im geschäftlichen und geschäftigen Treiben der österreichischen Hauptstadt involviertes Ehepaar nach einem Kontrastprogramm, bietet das Burgenland sicherlich perfekte Voraussetzungen. Hier fand man zwischen sanft gewellten Hügeln einen idealen Standort für sein Ferienheim. Gedacht für sich selbst, aber auch für gemeinsame Aufenthalte mit den Freunden, besitzt das von ARTEC Architekten entworfene Haus alle Voraussetzungen für einen entspannenden, aber auch spannenden Aufenthalt. Auf einer Hügelkuppe mit weitem Ausblick exponiert, hält sich das in Holzbauweise errichtete, in der Werkstatt vorgefertigte Flachdachhaus in architektonischer Gestik und Materialität bewusst zurück und bietet eine wunderschöne Bühne für das Leben mit der Landschaft (2/3). Blicke werden nicht behindert, sondern durch große Glasflächen ungehindert durchgelassen (1) oder durch rahmenartig gesetzte Fensterausschnitte gezielt gerichtet. Ein Hauch von Balkonbrüstung, die sich auf filigranstes Holz und gespannte Stahlseile stützt, umfasst das Gebäude, ohne Barrieren zu bilden (1). Auch das Raumprogramm ist bescheiden – ein Wohntrakt mit etwa 60 Quadratmetern für die Bauherrschaft selbst, etwa die Hälfte für den Gästebereich. Das Leben spielt sich abgesehen von einem Kellerraum auf einer Ebene und im selbstverständlichen offenen Miteinander ab. Ein Traum der schlichtesten Art in einer Hülle ohne Pathos.

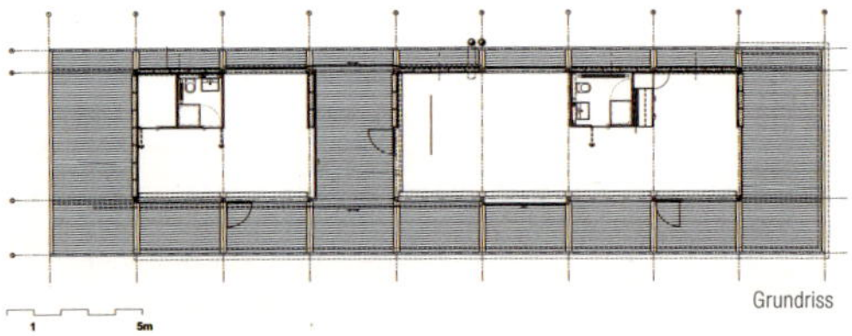

Grundriss

WICHTIGE BAUDATEN

Bauaufgabe: Neubau eines Feriendomizils für ein Ehepaar
Standort: Burgenland
Bauzeitraum: 2005 (4 Monate)
Grundstücksfläche: 14.435 m²
Wohnfläche: 86 m²
Umbauter Raum (BRI): 420 m³
Bauweise: Holzbauweise (großenteils in der Werkstatt vorgefertigt)
Energiekonzept: Gas-Brennwerttherme
Jahresheizwärmebedarf: ca. 25 kWh/m²
Baukosten gesamt: ca. 210.000 Euro

2

3

Entwurf Haustyp und Fassadensystem:
ATT ARCHITEKTEN, Nürnberg
Innenarchitektur:
BLAUHAUS ARCHITEKTEN
MATHIAS HENNING, Nürnberg

1

2

RHYTHMUS UND RAUMEMPFINDEN

Das von ATT Architekten geplante Ensemble aus fünf Einfamilienhäusern mit identischer Konstruktion schuf ein einheitliches Gesamtbild und bot den einzelnen Käufern dabei doch die Möglichkeit, die konstruktiven Strukturen mit jeweils individuellem Inhalt zu füllen. Tragende Funktion übernehmen jeweils Stahlbetonstützen, die an den Ecken mit Stahl verstärkt sind. Die Stahlbetonskelettkonstruktion ist vorgehängt und hat daher keine statischen Aufgaben zu erfüllen (1). Im Inneren der Häuser – im vorliegenden Fall nach der Ausführungsplanung von blauhaus architekten verwirklicht – gibt es aufgrund des Fehlens tragender Wände mannigfache Variationsmöglichkeiten in der Raumaufteilung. In diesem Fall dominieren offene Übergänge – so nimmt der zusammenhängende Wohn-, Ess- und Kochbereich die überwiegende Fläche des Erdgeschosses ein (4). Windfang, Diele und Treppenhaus können durch satinierte Glas-Schiebewände davon abgetrennt, aber auch dazu geöffnet werden (2). Einzig WC und Hauswirtschaftsraum bilden durch Wände separierte Einheiten. Die auf den zwei Wohnebenen zur Verfügung stehende Gesamtwohnfläche von etwa 200 Quadratmeter – aufgrund des Flachdachs auch im Obergeschoss besonders gut nutzbar – ermöglichte es, auf eine Unterkellerung komplett zu verzichten. Die normalerweise aus dem Industriebau bekannte Arbeit mit Stahlbetonskelettfassaden entfaltet bei diesem Wohnhaus eine faszinierende Wirkung, die klaren Strukturen unterstreichen nachhaltig die würfelähnliche Architekturgestalt (3).

WICHTIGE BAUDATEN

Bauaufgabe: Neubau für eine Familie
Standort: Nürnberg
Bauzeitraum: 2003 (8 Monate)
Grundstücksfläche: ca. 800 m^2
Wohnfläche: ca. 200 m^2
Umbauter Raum (BRI): ca. 850 m^3
Bauweise: Mischbauweise (Stahlbetonstützen, teils mit Stahlverstärkung, vorgehängtes Stahlbetonskelett, Holz-Aluminium-Fassaden)
Energiekonzept: Gas-Brennwerttherme
Baukosten: keine Angaben

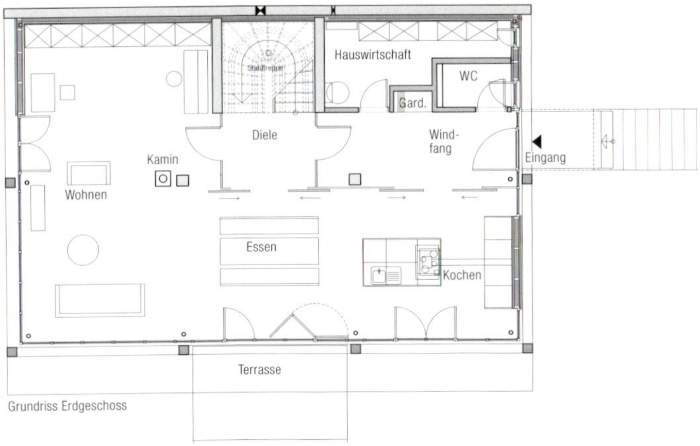

Grundriss Erdgeschoss

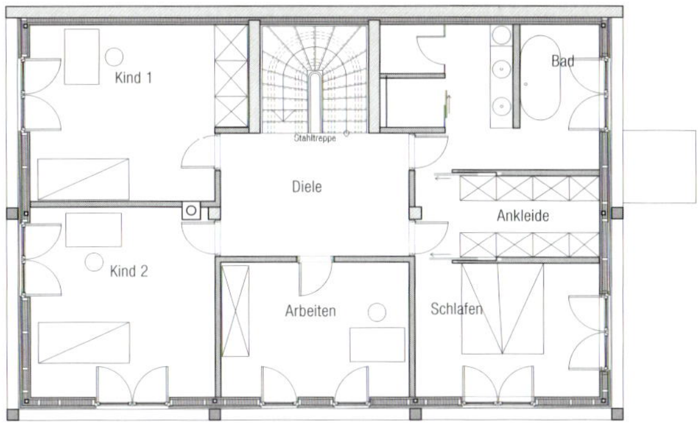

Obergeschoss

3

4

1

2

WIE AUS STEIN GEMEISSELT

Beim von den Architekten BackmannSchieberKohler geplanten Einfamilienhaus im nordwestlichen Außenbereich Berlins kam es in besonderem Maße auf den Umgang mit dem Material an. Für den Bauherrn, der Inhaber eines Steinmetzbetriebes ist, stand von vornherein fest, dass sein Arbeitsmaterial eine wichtige Rolle in der Architektur spielen sollte. Man entschied sich für ein anthrazitfarbenes Vulkangestein italienischer Herkunft (Peperino Lava Grigia). Die Form, in die der Stein hier gekleidet wurde, lässt einige der in Berlin bekanntlich viel errichteten Sandsteinfassaden im wahrsten Sinne alt aussehen. Hier entstand keine Einförmigkeit, sondern ungemein spannende Architektur, die wie ein formal extrem reduzierter, außen sauber gesägter und im Inneren ausgehöhlter Körper wirkt. In kaum gesehener Manier wird hier der Naturstein nicht nur für die Fassadenbekleidung verwandt, sondern auch als Dachdeckung weitergeführt (3). Durch die innen geführte Entwässerung schließt die Traufe bündig an die Außenwände an. Im Ergebnis leitet sich somit die Kubatur des Hauptbaukörpers von den reinen Grundformen des Rechtecks und des Dreiecks ab. Das von der Bauherrschaft favorisierte, das Ortsbild der Gartensiedlung prägende Satteldach erscheint hier in einer gänzlich andersartigen Ausgestaltung. Um den vorgegebenen großen Raumbedarf zu decken, ohne die Maßstäblichkeit des Umfelds zu verlassen, sind an beide Traufseiten Boxen angehängt – zum einen die Garage, zum anderen der zentrale Ess- und Aufenthaltsraum mit direkter Orientierung zum großen Garten (4). Die Verkleidung der Anbauten mit Holzfassadenplatten finnischer Provenienz verhindert, dass der dunkle Stein im Eindruck zu bestimmend wird. Der Monolith bekommt insbesondere von der Gartenseite reichlich Licht (1), ansonsten gibt er sich eher geschlossen. Die Öffnungen sind mit Bedacht gesetzt und unterstreichen in ihrer Regelmäßigkeit den Charakter der Architektur (2/3).

WICHTIGE BAUDATEN

Bauaufgabe: Neubau für eine Familie mit Kindern
Standort: bei Berlin
Bauzeitraum: 2003–2005 (18 Monate)
Grundstücksfläche: 1.066 m²
Wohnfläche (EG, OG und DG): ca. 226 m²
Umbauter Raum (BRI): ca. 1.562 m³ (einschließlich Garage)
Bauweise: Massivbauweise (Kalksandsteinmauerwerk und Stahlbeton)
Energiekonzept: Gas-Brennwertkessel, Warmwasserbereitung über dachintegrierte Solarkollektoren, Kaminofen, Wärmeabgabe über Fußbodenheizung, teils auch über Flachheizkörper
Baukosten gesamt: ca. 620.000 Euro

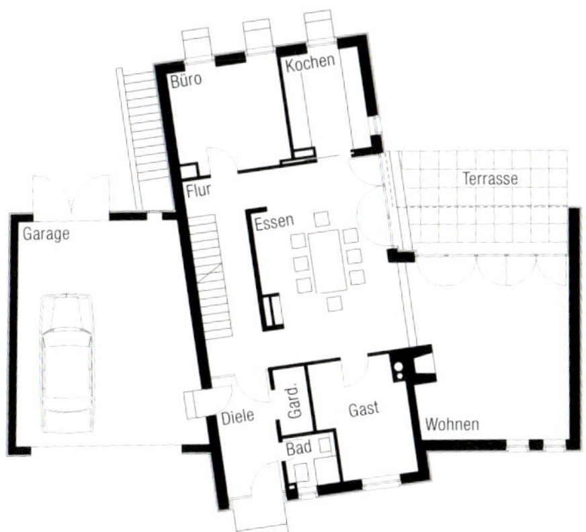

Grundriss Erdgeschoss

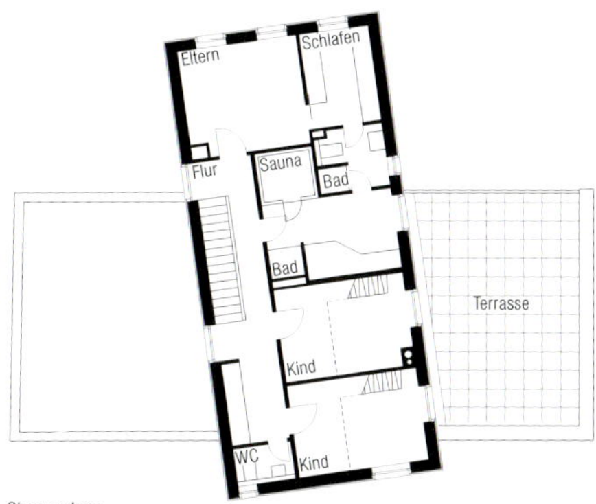

Obergeschoss

NEUES EINFAMILIENHAUS IN DORFLANDSCHAFT

Das Rauschen eines Wildbachs bildet die visuelle und akustische Begleitung zum Haus der Familie Kohler. Auf einer Teilparzelle des elterlichen Anwesens im Bregenzerwald errichtet, wendet sich das Gebäude mit seiner nördlichen Traufseite dem baumbestandenen Gewässerlauf zu, von der oberen Wohnebene besteht ein freier Ausblick in die Landschaft. Süd- und westseits wendet sich das Haus der Nachbarschaft und dem Dorf zu. Der Neubau bildet in der gewachsenen dörflichen Siedlungsstruktur keineswegs einen Fremdkörper, sondern fügt sich mit seiner einfachen, geschlossenen Kubatur mit dem flach geneigten Satteldach, der den meisten alten Höfen eigenen Zweigeschossigkeit und der weißtannenverschalten Fassade unauffällig ein (2). Alle Funktionen sind ähnlich den traditionellen Bauernhäusern der Region in einem Baukörper vereinigt. Senkrecht von hinten montierte Holzstäbe anstelle von Schindeln und lange Glasbänder anstelle von einzeln gesetzten Kreuzsprossenfenstern lassen allerdings keinen Zweifel daran, dass das Haus ganz von heute ist. Bei der Ansicht von der oberhalb verlaufenden Straße wird deutlich, dass die Architektur bewusst mit der Morphologie und der Lineatur des Geländes arbeitet und sich förmlich in den Hang duckt (3). Bäume und Bachtobel bilden vor dem dahinter aufsteigenden Hügel einen perfekt ruhigen Hintergrund. Die räumliche Anordnung im Verhältnis zu den umstehenden Gehöften ist perfekt und wirkt historisch gewachsen. Die als aufgekiester Feldweg belassene Zufahrt mündet in die hausintegrierte, westseitige Garage, rechter Hand erfolgt über den Eingangsflur (4) der Zugang zum großen Wohnraum (1), der sich östlich in einer geschützten Terrasse fortsetzt. Oben reihen sich – durch ein außen liegendes Verschattungssystem vor Überhitzung geschützt – auf der Südseite Bad, Elternschlafzimmer und Kinderzimmer. Insgesamt ist das Haus von einer Aura großer Entspanntheit geprägt, der Geist des Ortes ist ohne jeden überheblichen Gestus in höchst wohnliche Architektur übersetzt worden.

1

2

WICHTIGE BAUDATEN

Bauaufgabe: Neubau für eine Familie mit Kindern
Standort: Bregenzerwald
Bauzeitraum: 2005–2006 (8 Monate)
Grundstücksfläche: 640 m^2
Wohnfläche: keine Angaben
Umbauter Raum (BRI): 720 m^3 (ohne Keller)
Bauweise: Holzelementbau auf massivem Kellergeschoss
Energiekonzept: Erdwärmepumpe mit Tiefensonde
Jahresheizwärmebedarf: ca. 50 kWh/m^2
Öko 1 »Förderung nach Vorarlberger Wohnbauförderung«
Baukosten gesamt: keine Angaben

3

4

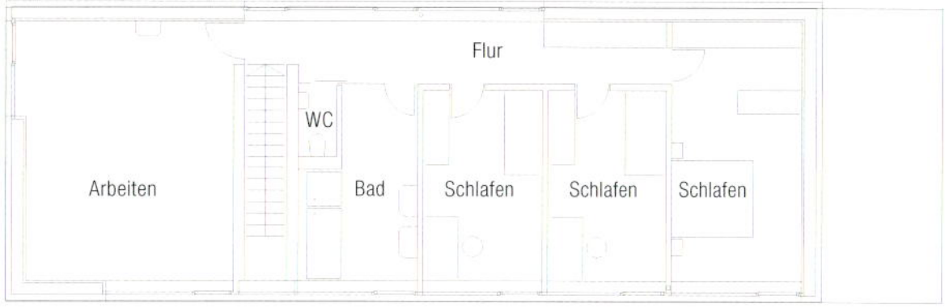

Obergeschoss

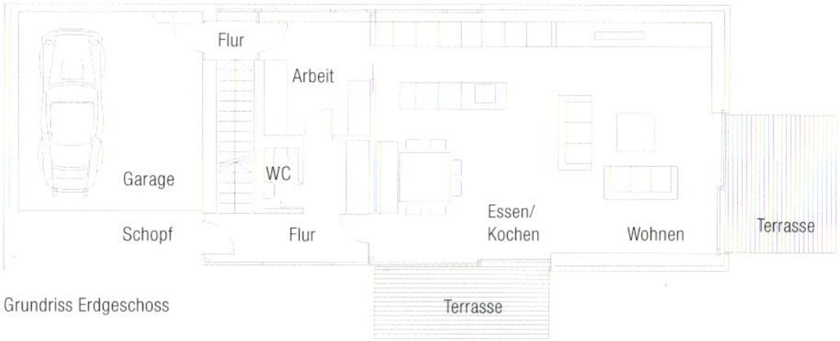

Grundriss Erdgeschoss

1

2

MODERNE IDYLLE

Selten wird eine zeitgemäße Form so unprätentiös und doch wirkungsvoll mit traditionellen Materialien und Baustrukturen verquickt wie bei dem von Bernardo Bader entworfenen kleinen Haus in unberührter Vorarlberger Landschaft. Von Teilen eines Vorgängerbaus ausgehend, entstand ein sehr spannendes Wohnhaus, das sich ganz der Natur aussetzt (4). Nach Süden wie nach Westen dominieren gläserne Durchblicke, die mit der leicht über Terrain erhöhten Position eine besonders gute Rundumsicht ermöglichen (2). Eine sich winkelförmig ums Gebäude ziehende, vom Hausdach geschützte Veranda schafft reichlich wettergeschützten Aufenthaltsraum im Freien (1). Im Inneren wird die Wohnatmosphäre nicht nur von der Aussicht, sondern auch von der völlig offenen Struktur des Wohn-, Ess- und Kochbereichs getragen, das durch ein Dachshed von oben einfallende weiche Licht tut sein Übriges (3). Das mit Kupfer gedeckte Satteldach und der Fassadenschirm aus Lärchenholz sowie die insgesamt sehr unaufdringliche Gestalt sorgen dafür, dass das Gebäude zwar ein ausgeprägtes Eigenleben führt, sich aber stets als Teil der Landschaft begreift. Im Augenblick noch als Ferienhaus genutzt, soll das Gebäude in absehbarer Zeit durchaus als Wohnhaus für alle Tage dienen. Der Besucher versteht nur zu gut, dass dieser Ort zu dauerhaftem Bleiben animiert.

WICHTIGE BAUDATEN

Bauaufgabe: Erweiterung/Neubau eines Ferienhauses zum dauerhaften Wohnen
Standort: Bregenzerwald
Bauzeitraum: 2004 (6 Monate)
Grundstücksfläche: ca. 2.000 m^2
Wohnnutzfläche: ca. 100 m^2
Umbauter Raum (BRI): 530 m^3
Bauweise: Holz-Leichtbauweise
Energiekonzept: Kaminofen
Baukosten gesamt: keine Angaben

3

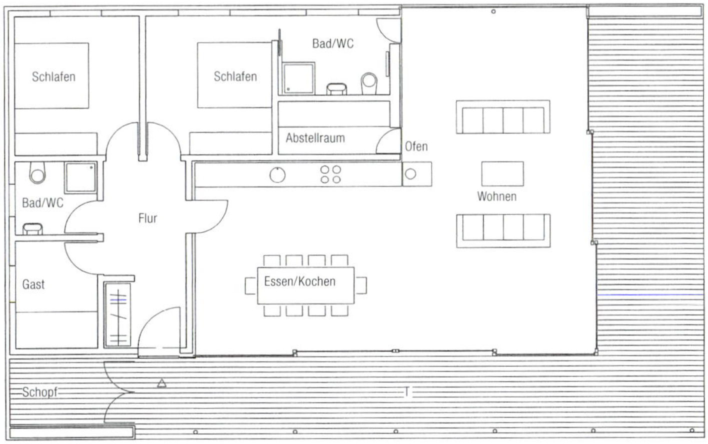

Grundriss

4

DAS TREPPEN-HAUS

Am Hang errichtet, reckt sich das großzügige Haus ähnlich eines santorinischen Felsenhauses über insgesamt vier Geschosse den Hang hinauf. Unten wird von der Straße eingefahren. Eine Durchgangstüre links der Garage eröffnet die mehrgeschossige Raumabfolge aus Innen- und Außenräumen und führt geradewegs zu der langen, geraden Aufgangstreppe (2). Das 4,60 Meter über Straßenniveau situierte Erdgeschoss ist in sich – dem Hangverlauf folgend – nochmals in unterschiedliche Niveaus unterteilt. Die Sitzecke orientiert sich dabei zur Landschaft hin, der Ess- und Kochbereich nimmt den hangseitigen, höher gelegenen Teil des Raumes ein. Ein flaches Einbaumöbel separiert spannungsvoll, ohne den Raumzusammenhang zu stören. Winkelförmig umgibt ein schlicht aufgekiester Freibereich die Wohnebene und führt zu einem kleinen Sitzplatz, der den Schutz des Hangs sucht. Im Obergeschoss befinden sich Elternschlafzimmer und Kinderzimmer, unter dem Dach ist neben Heizung und Hauswirtschaft ein kleiner Wellnessbereich mit Sauna und Entspannungsraum sowie zugeordneter Terrasse untergebracht. So vielfältig und durchdacht sich die Struktur im Inneren darstellt, so abwechslungsreich ist auch die äußere Gestalt gehalten. Während zumeist weiß gestrichene Putzfassaden dominieren (1), erhielt die streng gegliederte, fast geschlossene Hangseite eine Haut ganz aus Kupfer. Sparsam platzierte »Sehschlitze« setzen visuelle Gedankenstriche. Ein sehr ruhiges und doch ungemein spannungsvolles Stück Architektur, das virtuos mit Niveauunterschieden spielt, Innen- und Außenraum in enge Beziehung setzt und die Hangsituation mit dem weiten Ausblick sehr gelungen thematisiert.

WICHTIGE BAUDATEN

Bauaufgabe: Neubau für eine Familie
Standort: bei Weiden/Oberpfalz
Bauzeitraum: 2004–2005 (15 Monate)
Grundstücksfläche: ca. 1.093 m²
Wohnnutzfläche: 275,5 m²
Umbauter Raum (BRI): 1.048 m³ (ohne Zugang, Keller und Garage)
Bauweise: Massivbauweise (Stahlbeton, Kalksandsteinmauerwerk)
Energiekonzept: Öl-Brennwertkessel, Holzofen
Jahresheizwärmebedarf: ca. 68,2 kWh/m²
Baukosten gesamt: ca. 520.000 Euro

1

2

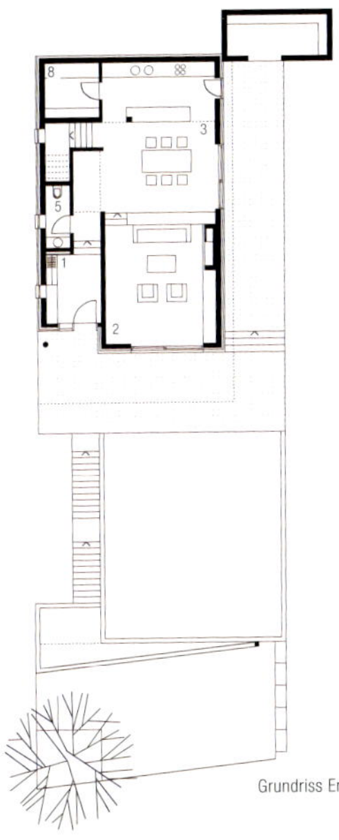
Grundriss Erdgeschoss

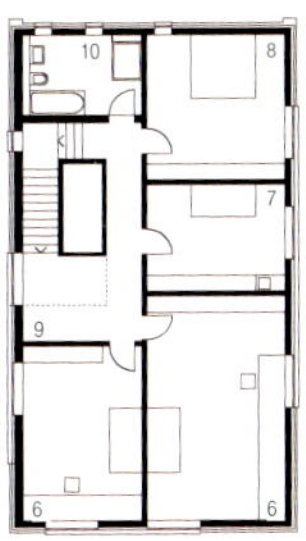
1. Obergeschoss

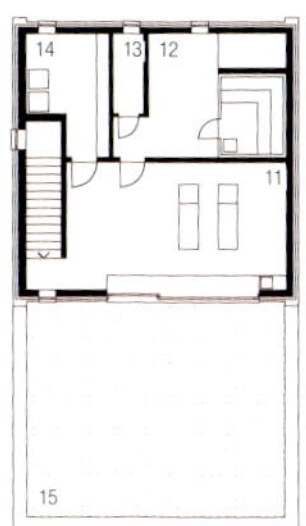
2. Obergeschoss

1 Eingang/Garderobe
2 Wohnen
3 Kochen/Essen
4 Abstellkammer
5 WC

6 Schlafen Kind
7 Schlafen Gast
8 Schlafen Eltern
9 Flur
10 Bad

11 Freizeit
12 Sauna
13 Heizung
14 Hauswirtschaftsraum
15 Terrasse

EINE STADTVILLA ALS ORT DER RUHE

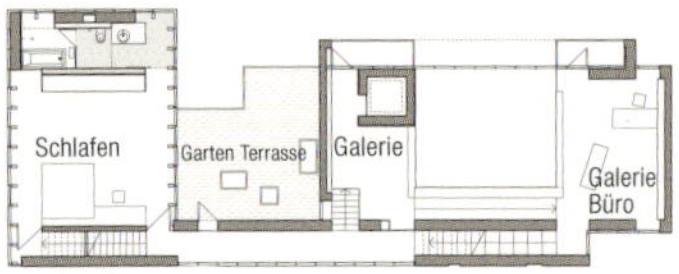

1. Obergeschoss

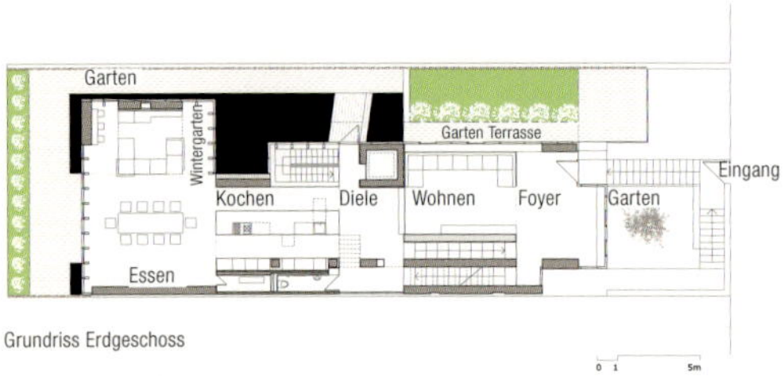

Grundriss Erdgeschoss

1

2

In städtisch geprägter Umgebung stellt sich stets die nicht ganz einfache Aufgabe, den Wunsch der Bewohner nach Ruhe und Privatheit mit den Gegebenheiten des Verkehrs, der Neonbeleuchtung und der baulichen Dichte in Einklang zu bringen. Dem Münsteraner Architekturtrio behet bondzio lin gelang dies, indem sie in der taiwanesischen Großstadt Taichung bei angemessener Abgrenzung nach außen eine Stadtvilla mit reichlich internen Freiräumen schufen (4). Es entstand ein Ort der Stille und des Innehaltens, der durch seine zusammenhängenden Raumstrukturen und vielfältigen Raumschichtungen eine Fülle immer neuer Eindrücke bei größtmöglichem Wohnwert bietet. Ein Innenhof grenzt den Wohnbereich der Eltern von dem der Kinder ab und belässt so beiden ihre Privatsphäre. Das extrem schmale und für die gewünschte Wohnfläche auch sehr kleine Grundstück ist also keineswegs vollständig überbaut, sondern weist diverse Freiräume auf. Neben dem erwähnten äußeren Atrium finden sich noch weitere innen liegende Atrien, die – meist visuell miteinander korrespondierend oder aneinander angebunden – die eigentlichen Kerne des Konzepts bilden. Den Innenhof konstituiert dabei das Wohnzimmer (1), das als Ausgangspunkt für die Erfahrung der übrigen Raumabfolge fungiert. Vom Foyer bis zum Schlafzimmer (2) sind die Räume dabei mit einer fein abgestuften, immer größeren Privatheit ausgestattet. Die sich fast mit jedem Schritt verändernde Wahrnehmung des Raums verdankt sich der Split-Level-Struktur der mannigfach gefalteten Betonplatten (3).

WICHTIGE BAUDATEN

Bauaufgabe: Neubau einer Stadtvilla
Standort: Taichung/Taiwan
Bauzeitraum: 2004–2005 (12 Monate)
Grundstücksfläche: 412 m^2
Wohnfläche: 420 m^2 (zzgl. ca. 236 m^2 Nebennutzfläche)
Umbauter Raum (BRI): 3.100 m^3
Bauweise: Stahlbeton
Baukosten gesamt: keine Angaben

3

4

DER GEWISSE KNICK

1

2

Felix Bembé und Sebastian Dellinger gelang es mit ihrem Wohnhaus für die Familie Hildebrand, Natur und Architektur perfekt ineinander greifen zu lassen, indem die Architektur aus dem vorhandenen Grünbestand abgeleitet wurde. Zwei uralte Kiefern bewirkten sogar einen von der direkten Linienführung abweichenden Knick der Hauskante, markieren nun den Eingang und auch den Vorplatz des Gebäudes (1). Unter der Krone einer wunderschönen Linde fällt die Traufe dergestalt ab, dass diese freigestellt bleibt. Knick und variierte Traufhöhen führen zu spannenden Verzerrungen in der Dachgestalt, die sich auch in den Räumen widerspiegelt. Innen wie außen bilden sägeraue Fichtenbretter die vorherrschende Verschalung, die ihrerseits einen sehr unmittelbaren Bezug zur Natur herstellt (2). Böden, Türen und Fenster bestehen einheitlich aus Eiche. Linoleum und Sichtbeton vervollständigen das Spektrum des Materialkanons. Der offene Wohn- und Essbereich im erhöhten Erdgeschoss hält visuell Zwiesprache mit dem Garten und den Bäumen, zwischen denen die Kinder spielen (3). Etwas gegenüber dem Gartenniveau erhöht angelegt, bekommt auch der darunter situierte Arbeitsbereich im Untergeschoss genügend natürliches Licht. Ein Wohnhaus, das die Natur einschaltet und daraus außergewöhnliche Architektur entstehen lässt.

WICHTIGE BAUDATEN

Bauaufgabe: Neubau eines Einfamilienhauses für ein Ehepaar
Standort: bei Gauting/Oberbayern
Bauzeitraum: 2004–2005 (12 Monate)
Grundstücksfläche: 893 m^2
Wohnfläche: 253 m^2
Umbauter Raum (BRI): 1.140 m^3
Bauweise: Massiv (Ziegelmauerwerk und Stahlbetondecken)
Energiekonzept: Gas-Brennwerttherme
Baukosten gesamt: keine Angaben

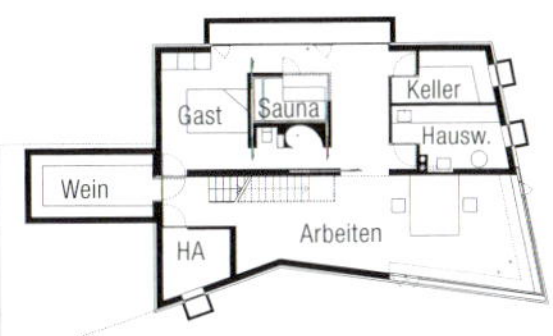

Grundriss Kellergeschoss

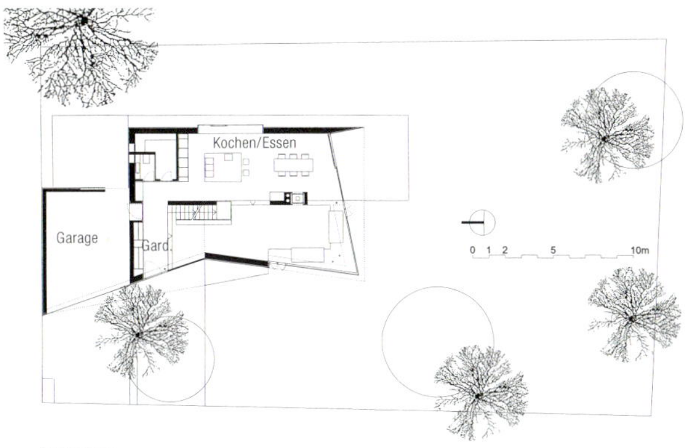

Erdgeschoss

Obergeschoss

EIN DOPPELHAUS MIT INNOVATIVEM GESICHT

Nahe dem oberbayerischen Ammersee entstand auf einem Grundstück in naturnahem Umfeld ein Siedlungsprojekt mit drei Doppelhäusern, deren West- und Osthälften jeweils ähnlich organisiert, aber nach dem Wunsch der Eigentümer und Mieter individuell ausgebaut sind. Nach Norden hoch geschlossen ausgeführt, um die Privatheit der Nachbarn zu bewahren, öffnen sich alle Häuser nach Süden der Sonne (1). Bei den Westhäusern kommt jeweils noch die zum Sonnenuntergang orientierte Seite hinzu, die eine direkte Blickbeziehung zum angrenzenden Buchenbestand und einem erhaltenen Ammerseehaus aus den 1930er Jahren bietet. Die östlichen Einheiten besitzen etwas kleinere Gärten, die aber durch innovativ gestaltete »Geräteschuppen« aus Sichtbeton zum Nachbarn abgegrenzt sind und so den Charakter von Gartenhöfen erhalten (1). Mit separaten Eingängen versehene, eingeschossige Gästehäuser vervollständigen diese Hofsituation. Die Familie Dyballa, deren Haus hier im Foto näher vorgestellt wird, nutzt das Gästehaus zusätzlich als stimmungsvolles Büro. Die Westhäuser werden durch Stichwege vom ostseitigen Zufahrtsweg erschlossen, während die Eingänge der Osthäuser, so auch das Haus Dyballa, direkt über einige Stufen erreichbar sind (3). Im Inneren geht es hier ohne Umschweife in die Garderobe, zur ins Obergeschoss führenden Treppe und in den Koch- und Essbereich mit anschließendem, erhöht situiertem Wohnraum. Auf der Kinder- und Schlafebene gewinnt das aneinander gekoppelte, nur durch eine Glaswand getrennte »Schlaf- und Badabteil« hohe gestalterische Kraft (2). Hier wird ein Raumempfinden geschaffen, das ansonsten selbst bei villenartigen Einfamilienhäusern selten zu finden ist. Im Äußeren formen sägeraue Fassadenverkleidungen aus Fichtenbohlen, im Obergeschoss weit auskragende Fensterlaibungen in Kupferblech und klares oder teils auch satiniertes Glas einen außergewöhnlichen Material-Dreiklang, der gekonnt zwischen rau und edel changiert. Eine Doppelhausbebauung, die höchst spannende Architekturerlebnisse schafft.

1

2

WICHTIGE BAUDATEN

Bauaufgabe: Neubau von drei Doppelhäusern
Standort: am Ammersee/Oberbayern
Bauzeitraum: 2004–2006 gesamt (ca. 24 Monate)
Grundstücksfläche: ca. 3.050 m^2 gesamt
Wohnfläche Haus 2 Ost: ca. 181 m^2
Umbauter Raum (BRI): ca. 820 m^3
Bauweise: Massiv (Ziegelmauerwerk und Stahlbeton, teilweise kerngedämmt; Holzverkleidung mit Fichtebohlen
Energiekonzept: Gas-Brennwerttherme
Baukosten gesamt (Haus 2 Ost): ca. 380.000 Euro

Grundriss Untergeschoss

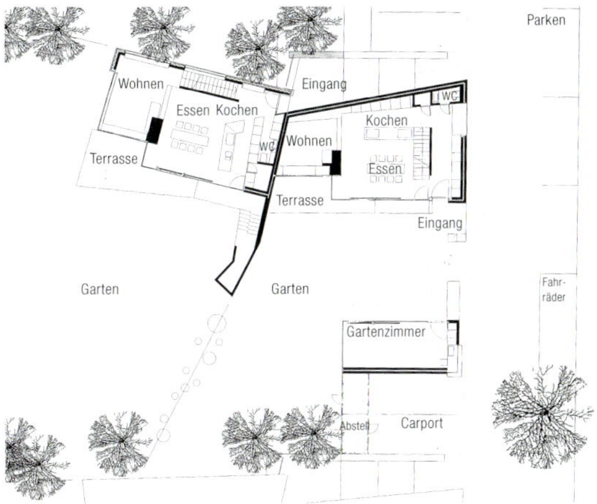

Erdgeschoss

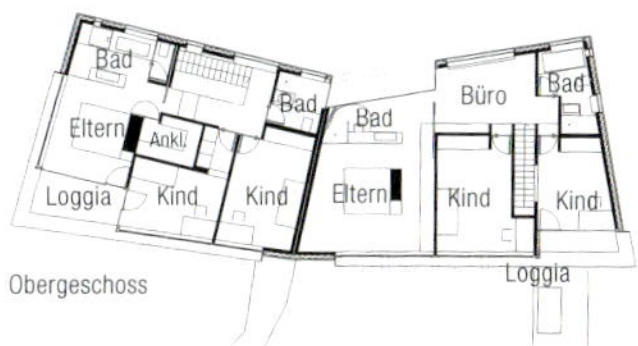

Obergeschoss

GLASHAUS MIT BETONHÖHLEN

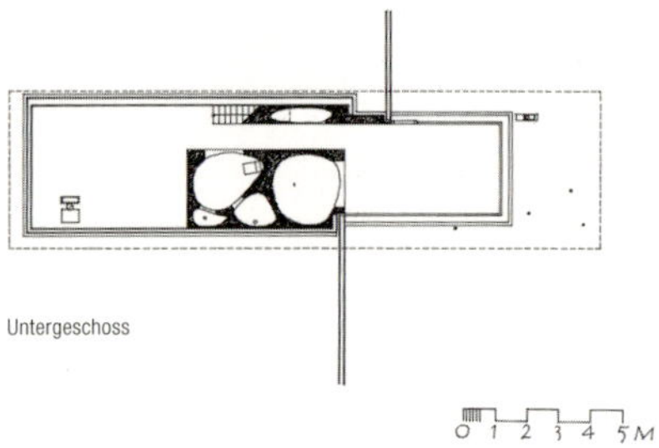

Untergeschoss

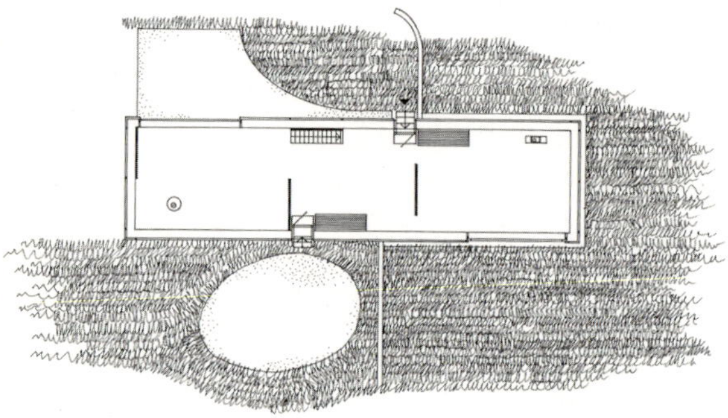
Grundriss Erdgeschoss

Das inmitten eines naturnahen großen Grundstücks nahe dem Ammersee gelegene Gebäude scheint bei entsprechender Lichtstimmung fast in der umgebenden Natur aufzugehen (2). Seine im Eingangsgeschoss rundum gläsernen Fassaden – durchbrochen im Grunde nur durch die von Stahlrahmen akzentuierten Eingangstüren – spiegeln Bäume, Sträucher und Wiese wie auf einem sich stetig verändernden Landschaftsgemälde wider (3). Im Inneren sind den Blicken keinerlei Grenzen gesetzt (1). Es besteht bei Bedarf jedoch die Möglichkeit, mittels Schiebewänden vielfältige Raumsituationen zu schaffen – sei es etwa für die Kunstausstellungen Marion Bembés oder zur Schaffung separater Wohnbereiche. Gehobelte Eiche als Baumaterial für sämtliche Holzbauteile wie Böden, Schiebewände, Decken und Türen konstituiert eine umfassende gestalterische Einheitlichkeit und Wohnlichkeit. Den Kontrapunkt zu der ostseits der Erde enthobenen »gläsernen« Ebene bildet das darunter liegende, introvertierte Höhlengeschoss. Die Funktionen Schlafen, Bad, Toilette und Ankleide sind in futuristisch anmutenden, betongegossenen »Bubbles« untergebracht, die teils durch transparente Textilien per Reißverschluss geöffnet und verschlossen werden können (4/5). Hier herrscht im wahrsten Sinn embryonales Behütetsein, wobei Fensterbänder durchaus Ausblicke vom Untergeschoss zulassen. Selten treten zwei völlig gegensätzliche architektonische Ansätze in so fruchtbare Verbindung wie beim Gebäude von Marion und Felix Bembé.

WICHTIGE BAUDATEN

Bauaufgabe: Bau eines Ateliergebäudes
Standort: Riederau am Ammersee/Oberbayern
Bauzeitraum: 2002–2003 (14 Monate)
Grundstücksfläche: ca. 2.000 m^2
Wohnfläche gesamt: 145 m^2
Umbauter Raum (BRI): 650 m^3
Bauweise: Stahl, Stahlbeton (Stützen) und Glas
Baukosten gesamt: ca. 260.000 Euro

2

3

4

5

DIE SPANNUNG DES RAUMES UND DIE ZWIESPRACHE DES GEGENSÄTZLICHEN

1

2

Die Interpretation räumlicher Strukturen und deren spannungsvolle Zuordnung kann als eine der zentralen Aufgaben guter Architektur gelten. In Wirkung und Ausstrahlung grundsätzlich andersartige Elemente können sich dabei gegenseitig verstärken und befruchten. Das in einem kleinen Ort bei Günzburg realisierte, großzügige Einfamilienhaus ist von Biehler Weith Associated in jedem Detail bewusst nach diesen Prämissen geplant (3). Spannung im Raum entsteht schon durch die Umfassung des unregelmäßig zugeschnittenen Grundstücks. Eine Wandscheibe grenzt die Parzelle messerscharf nach Norden beziehungsweise Osten ab, teilt die einzelnen Bereiche des Grundstücks in Zonen und entspricht materiell wie auch farblich der Gebäudehülle, zu dessen Teil sie partiell wird. Geschützt lehnt sich der Pool an die Grundstücksmauer, im Süden bestimmt dagegen eine offen gehaltene, visuell in die Umgebung eingebundene Obstwiese den Außenbereich. Der massive Charakter des Erdgeschosses tritt wiederum in Kontrast zur transparent und leicht gedachten oberen Ebene, die sich als schwebender Kubus darstellt und damit ihre Funktion als Entspannungszone nach außen sichtbar macht. Mittel zur Erzeugung von Spannung aus Gegensätzlichkeit im Inneren sind die gezielte Setzung von geschlossenen Flächen und transparenten Durchblicken (1) und der zielgenaue Einsatz genau aufeinander abgestimmter Materialien. Die Beläge aus südfranzösischem Kalkstein und massiver Eiche vermitteln Erdhaftung und Sicherheit, die großen Glasflächen schaffen Offenheit und Außenbezug. In einer gläsernen Trennwand im Erdgeschoss spiegelt sich die Wasserfläche des Außenpools wider. Darüber wenden sich das Badezimmer und der zugeordnete »Kiesstrand« transparent nach außen. Innen und Außen sind bei diesem Haus nicht wirklich separate Sphären, sondern Teile eines komplexen Raumerlebnisses (2).

WICHTIGE BAUDATEN

Bauaufgabe: Neubau für zwei Personen
Standort: bei Günzburg/Bayerisch-Schwaben
Bauzeitraum: 2002–2003 (ca. 12 Monate)
Grundstücksfläche: ca. 714 m^2
Wohnfläche: 240 m^2 (zuzüglich 58 m^2 Nutzfläche)
Umbauter Raum (BRI): 1.250 m^3
Bauweise: Massivbauweise
Baukosten: keine Angaben

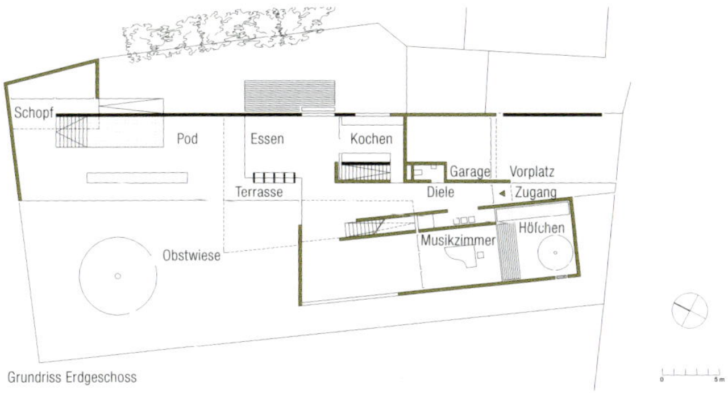

Grundriss Erdgeschoss

Obergeschoss

DAS ZWILLINGS-HAUS

1

Im Grundkonzept als eine große Kubatur mit quadratischer Grundfläche gedacht, stellt sich das überwiegend zum Wohnen genutzte Gebäude doch als Gesamtwerk aus zwei annähernd identischen Teilen dar. Pate für die Bauform stand übrigens ein erhaltenes historischen Vorbild auf der gegenüber liegenden Seite der Fußgängerzone, von der auch das senkrechte schmale Fensterband der Trauffassaden entlehnt ist (1). Mit dem Eingang im Erdgeschoss dem öffentlichen Raum zugewandt, wird die architektonische Duplizität durch eine mittige, zu den Maisonetteeinheiten im ersten Obergeschoss führende Treppe zusammengefügt und akzentuiert (2). Diese hoch glasüberdachte Treppe trennt die Wohnbereiche, strukturiert den Raumzusammenhang und gewährt Witterungsschutz. Die Giebelseiten blicken einerseits zum Eingangsbereich (3), andererseits zum Wohnhof. Fast vollständig verglast bieten sie unter dem auskragenden, mit schwarzen Ziegeln gedeckten Dach Platz für zusätzlichen Wohnraum auf den Loggien. Im Inneren dominieren einfache, unbehandelte und raue Materialien, etwa gestrichener Estrich und Linoleum als Bodenbeläge. Beeindruckend in seiner Eindeutigkeit, bezieht das Gebäude seine Stimmigkeit auch aus der durchgehenden Berücksichtigung der klassischen Proportionsmaße und des Goldenen Schnitts. Es entstand gleichsam der Prototyp eines bis zum Äußersten minimierten Zwillings-Giebelhauses, dessen sorgsam durchdachter Minimalismus auch zu einer sehr wirksamen Kostenkontrolle führte.

2

WICHTIGE BAUDATEN

Bauaufgabe: Neubau eines Wohnhauses mit Gewerbeanteil
Standort: Odenheim/Baden-Württemberg
Bauzeitraum: 1998–1999 (10 Monate)
Grundstücksfläche: ca. 404 m²
Wohnfläche gesamt: ca. 285 m²
Umbauter Raum (BRI): 1.100 m³
Bauweise: Massivbauweise (Stahlbeton, mit Kerndämmung)
Energiekonzept: Gasbrennwerttherme
Baukosten: ca. 305.000 Euro

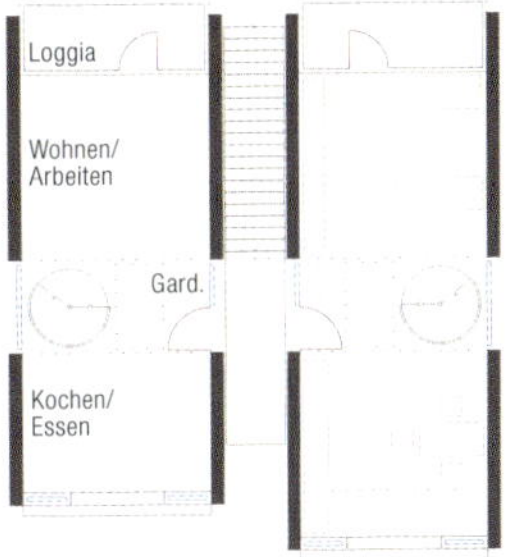

Obergeschoss

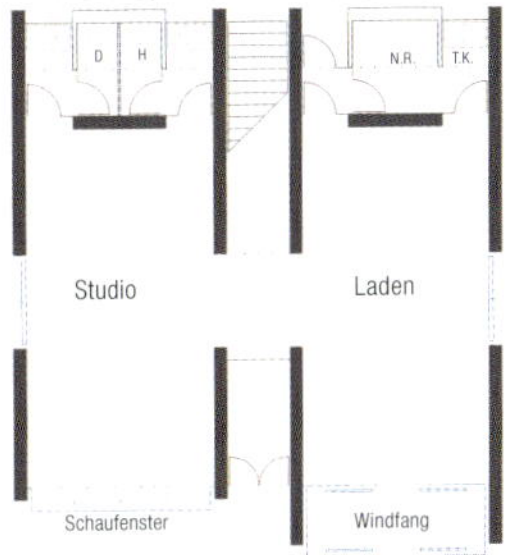

Grundriss Erdgeschoss

1

2

MINIMAL ARCHITECTURE

Architektur ist nicht immer die Suche nach dem großen Wurf, sondern wirkt oft sogar viel überzeugender, wenn sie aus dem Streben nach größtmöglicher Vereinfachung entsteht. Der Ausgangspunkt von Bertrand Counsons Überlegungen war es, ein Wohngebäude mit hohem architektonischem Anspruch zu entwerfen, das in kurzer Zeit, mit einfachen Mitteln und für einen günstigen Preis zu errichten sein und sich zudem durch ökologische Nachhaltigkeit auszeichnen sollte. Es entstand ein aufgestelztes Holzhaus mit aneinandergefügten Lärchenholzrahmen mit hier 62 Quadratmetern Wohnfläche (3) sowie 14 Quadratmetern Terrassenfläche (2), das rhythmisch durch transparente Einschübe unterbrochen und strukturiert ist. Beim hier gezeigten, gebauten Beispiel beschreibt die verglaste Zwischenzone den Bereich des Bades, von dem aus auch das Zentrum des Hauses belichtet wird. Im Übrigen dienen die verglasten Giebel als hauptsächliche Lichtquellen. Größere Varianten des Haustyps mit bis über 100 Quadratmetern Wohnfläche können durch die einfache Verlängerung des Baukörpers entstehen. Die Konstruktion besteht aus zellulosegedämmten, mittels Stahlwinkeln verstärkten OSB-Tafeln, die gleichzeitig die Innensicht des Bauwerks darstellen. Die Auflagerung auf Stützen spart Kosten und Bauzeit ein. Die umgebende Lärchenholzrahmung gibt dem Gebäude seinen Rhythmus, sorgt für stetig wechselnde Ansichten von außen und Lichtstimmungen im Inneren (1). Es ergibt sich eine ungemein spannende architektonische Skulptur, die sich trotz ihrer Einzigartigkeit der naturhaften Umgebung der Cevennen nicht protzig aufdrängt. Vielmehr dienten hier sogar traditionelle Häuser als Vorbilder, die Verwendung von Lärchenholz greift ebenso regionale Baugeschichte auf. Eine höchst außergewöhnlich gebaute Skulptur mit hohem gestalterischen Anspruch und wohltuender, bodenständiger Demut, die ebenso preisgünstig wie nachhaltig ist.

WICHTIGE BAUDATEN

Bauaufgabe: Neubau eines prototypischen Wohnhauses
Standort: Cevennen/Belgien
Bauzeitraum: 2002 (2 Monate)
Grundstücksfläche: ca. 1.000 m^2
Wohnfläche: 62 m^2 (zuzüglich 14 m^2 Terrassen)
Umbauter Raum (BRI): 305 m^3
Bauweise: Holzkonstruktion (Holzrahmenbauweise) auf Stützen
Energiekonzept: Holzofen im Wohnraum, mechanische Be- und Entlüftung mit Wärmerückgewinnung, 25 cm Zellulosedämmung
Jahresheizwärmebedarf: ca. 30 kWh/m^2
Baukosten gesamt: ca. 85.000 Euro

3

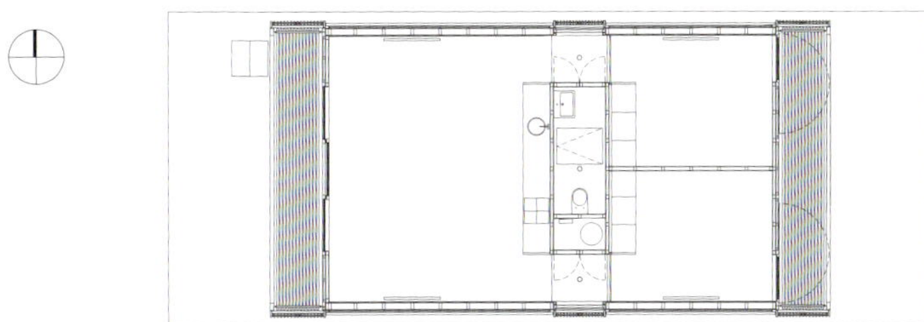

Grundriss

1

2

3

KÜHL UND WARM

Erstlingswerke junger Architekten besitzen teils noch den Charakter des Unfertigen, befinden sich gleichsam in einer Phase des Ausprobierens und Sich-Vortastens. Das erste gebaute Haus von dallacortevölkle dagegen ist bereits derart gelungen, dass von früher Meisterschaft gesprochen werden kann. Konsequent unterteilt die Planung das Einfamilienhaus in zwei gestalterische »Hälften«: Die zur Straße blickende östliche Traufseite, die den öffentlichen Raum vom privaten Garten trennt, ist monolithisch geschlossen ausgeführt (4). Das Fehlen von Dachüberständen stellt hierbei ein wichtiges gestalterisches Element dar. Der unter das Obergeschoss eingezogene Eingang mit Treppe und die Tiefgaragenzufahrt bleiben die einzigen Fassadenöffnungen. Auch auf der südlichen Giebelseite begnügt sich das Gebäude mit zwei schmalen, außenbündig gesetzten Glasbändern. Die anthrazitfarbenen Faserzementplatten über betoniertem Untergeschoss unterstreichen auf der Straßenseite und den beiden Giebelseiten die kühle Anmutung des Baukörpers. Zum Garten hin zeigen sich dagegen das Hauptgebäude wie auch der eingeschossige Büroanbau, der für Abgrenzung zur Nachbarbebauung sorgt, durch große Fenster und Holzfassaden transparent und warm (1). Im Inneren bildet der große Wohn-, Ess- und Kochbereich des Erdgeschosses das Zentrum der Raumstruktur, die sich mit einer filigranen Stahltreppe nach oben fortsetzt (3). Gereihte Dachflächenverglasungen pointieren die Gangsituation und belichten die Treppe wie auch den Wohnbereich (2). Die sparsam und mit Bedacht gesetzte Innenausstattung rundet den perfekt inszenierten minimalistischen Eindruck ab. Ein Debüt mit hohem Anspruch und hoher Architekturqualität.

WICHTIGE BAUDATEN

Bauaufgabe: Neubau für eine Familie mit Kindern mit Einliegerwohnung
Standort: Gottlieben/Schweiz
Bauzeitraum: 2005–2006 (8 Monate)
Grundstücksfläche: 780 m^2
Wohnnutzfläche: 242 m^2
Umbauter Raum (BRI): 1.350 m^3
Bauweise: Stahlbeton und Ziegelmauerwerk mit hinterlüfteter Fassade
Energiekonzept: Gas-Brennwertheizung mit unterstützendem Holzspeicherofen (mit Anbindung an das zentrale Heizsystem)
Baukosten gesamt: ca. 545.000 Euro

4

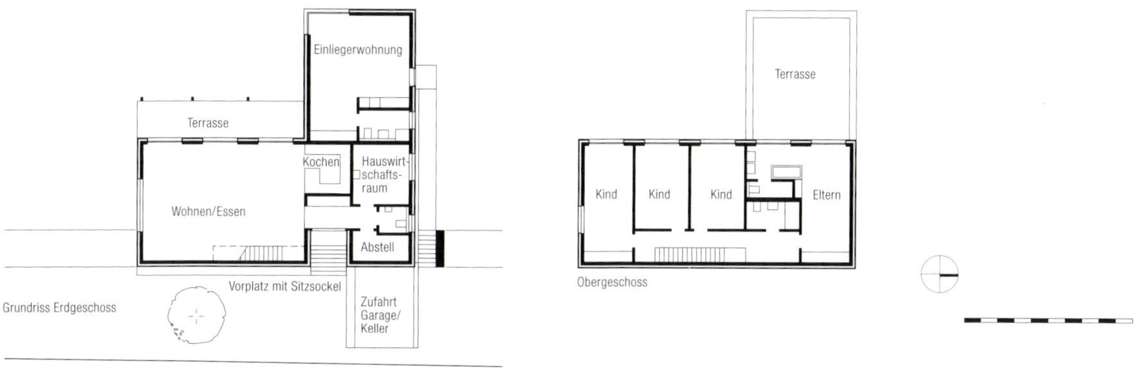

Grundriss Erdgeschoss

Obergeschoss

EIN HAUS AUS SONNE UND NATUR

Die Wohnvorstellungen und damit die Persönlichkeit der Bauherren sollten stets den Ausgangs- und Mittelpunkt aller Überlegungen bilden – eine Binsenweisheit, die allerdings so selbstverständlich oft nicht ist. Die von ihrem Architekten gestellte Frage, in welchem Haus sie denn leben wollten, bildete aber zumindest für Claudia und Dieter Nass den Beginn weit reichender Überlegungen und die Grundlage für die letztlich von Michael Deppisch erstellte und ausgeführte Planung. Die von den Bauherren selbst eruierten Wünsche waren in erster Linie offene, lichte Räume mit möglichst direkter Durchgängigkeit zwischen Drinnen und Draußen, ein erlebnisreicher Garten und eine bewusste Einfachheit und Rauheit im Äußeren. Die Architektur durfte sich dabei unkonventionell geben und brauchte nach außen keinen repräsentativen Anspruch zu erfüllen, sondern musste »nur« das für die Eigentümer optimale Wohnumfeld konstituieren. Als Anbau an das bestehende elterliche Wohnhaus errichtet und von diesem durch eine dachverglaste »Eingangsschleuse« getrennt, untergliedert sich der Baukörper ansonsten in einen unterkellerten, ebenerdigen Teil mit dem großen Wohn-, Ess- und Kochbereich (2) und einen im rechten Winkel dazu platzierten zweigeschossigen Teil mit Bibliothek und Bad unten sowie Atelier und Schlafzimmer oben. Die beiden Teile sind im Erdgeschoss mittels satinierter Glas-Schiebetüren verbunden (4), in der Ausrichtung zur Sonne aber völlig unterschiedlich: der eingeschossige Teil präsentiert sich nach Norden und Süden offen, während sich die verglasten Seiten des anderen Teils eben gerade nach Westen und Osten wenden (1/3). So ergeben sich für alle Tageszeiten Plätze mit direkter Sonneneinstrahlung und direktem Blick in den Garten oder auf die extensiv begrünte Dachterrasse. Die nicht verglasten Seiten sind überwiegend hoch geschlossen ausgebildet. Wasserspiele, Wasserrinnen und stehende Wasserflächen bilden in dem Garten wichtige Orte der Ruhe. Vor allem der schilfumstandene Schwimmteich auf der Ostseite mit der zugeordneten Sonnenterrasse sorgt für eine Atmosphäre friedlicher Entspanntheit.

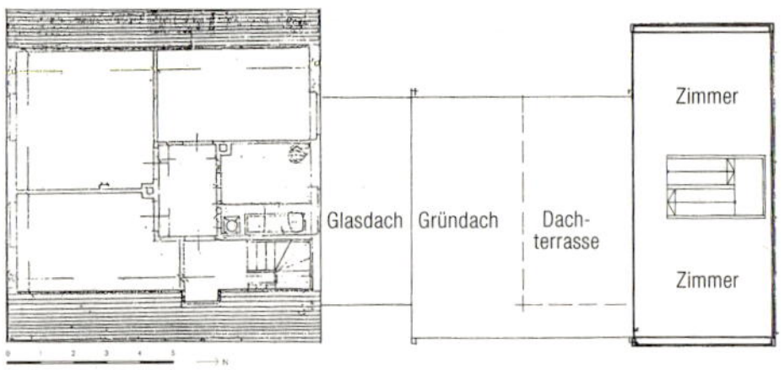

Obergeschoss

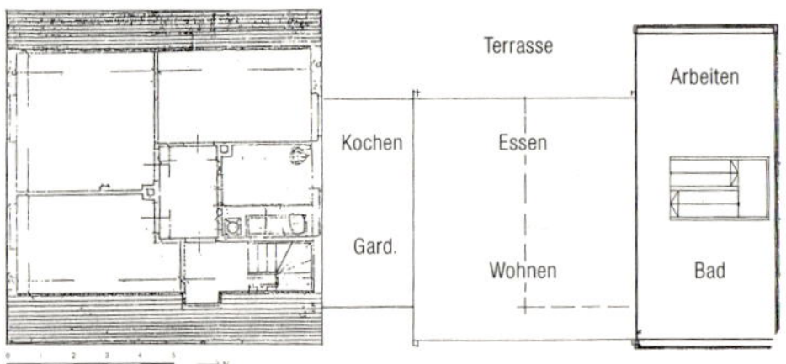

Grundriss Erdgeschoss

WICHTIGE BAUDATEN

Bauaufgabe: Neubau für eine Familie mit Kindern
Standort: Freising/Oberbayern
Bauzeitraum: 1999–2000 (14 Monate)
Grundstücksfläche: 407 m^2
Wohnnutzfläche: 178 m^2
Umbauter Raum (BRI): 608 m^3
Bauweise: Mischbauweise
Energiekonzept: Gastherme
Jahresheizwärmebedarf: ca. 50 kWh/m^2
Baukosten: keine Angaben

1

2

3

4

HOHE WOHNQUALITÄT UNTER EINEM FIRST

Dass Modernität in der Architektur nicht von der Form des Daches, sondern der Gesamtqualität der Architektur abhängt, dürfte mittlerweile einhellige Meinung sein. So wie in vielen Fällen das Flachdach die bessere Lösung darstellt, ist dies bei anderen Konzepten das Satteldach. In diesem Fall handelt es sich um einen lang gestreckten Einfirstbau mit steil geneigtem Dachstuhl aus Beton-Fertigteilsparren und minimalstem Dachüberstand, der die geometrischen Vierecks- und Dreiecksformen in der Rückführung auf ihre einfachsten Grundformen virtuos zu einem Ganzen vereint (2/3). In motivlicher Anlehnung an Einfirst-Bauernhöfe der Region und deren steile Dachneigung entstand hier ein 29 Meter langer Baukörper mit ausgeklügelter Zonierung: Horizontal ist der Wohnkörper durch einen offenen Durchgang mit Loggia von dem Garagen- und Bürotrakt geschieden; der Wohntrakt seinerseits gliedert sich im Obergeschoss nochmals in Eltern- und Kinderbereich, wobei hier der sich über alle Geschosse erstreckende, voll verglaste Wintergarten mit der Treppe die Grenze bildet (1). Dieser sorgt für die wundervolle Belichtung des Hausinneren und für passive Wärmegewinne. Er bildet daher zusammen mit einer Grundwasserwärmepumpe sowie einer automatischen Be- und Entlüftung mit Wärmerückgewinnung das Rückgrat des Energiesystems. Eine automatisch gesteuerte außen liegende Verschattung und Lamellenfenster sorgen für wirksamen Überhitzungschutz. Im Übrigen erfüllen außen liegende Holzschiebeläden diese Funktion, die ebenso wie der Innenausbau aus heimischem Eichenholz bestehen (4). Ein Baukörper von großer gestalterischer Kraft und ökologischer Nachhaltigkeit.

1

2

WICHTIGE BAUDATEN

Bauaufgabe: Neubau für eine Familie mit Kindern
Standort: Au i.d. Hallertau
Bauzeitraum: 2003–2004 (12 Monate)
Grundstücksfläche: 1.150 m^2
Wohnfläche: 280 m^2 (zzgl. 152 m^2 Nutzfläche)
Umbauter Raum (BRI): 1.800 m^3
Bauweise: Massiv (Stahlbeton und Ziegelmauerwerk)
Energiekonzept: Grundwasserwärmepumpe, kontrollierte Be- und Entlüftung mit Wärmerückgewinnung, passive Wärmegewinne, Grundwasserkühlung über FBH
Jahresheizwärmebedarf: ca. 18 kWh/m^2
Baukosten gesamt: keine Angaben

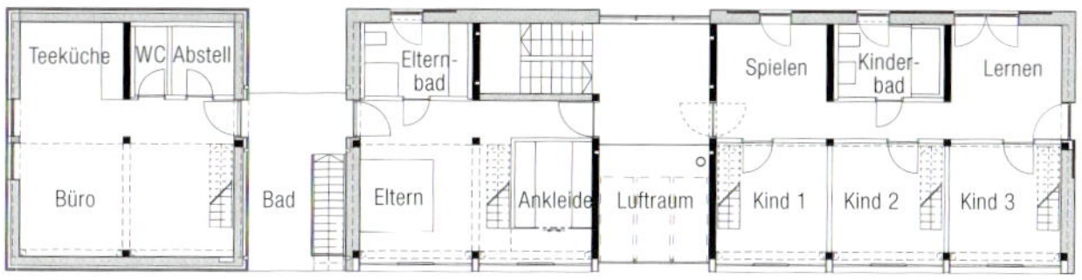

Obergeschoss

Grundriss Erdgeschoss

1

2

AUF ARCHITEKTONISCHEM NEULAND

Die Staaten Osteuropas können durchaus auf eine bedeutende baugeschichtliche Tradition der klassischen Moderne zurückschauen. Das wohl berühmteste Beispiel hierfür ist Mies van der Rohes Haus Tugendhat in Brünn. Dennoch konnte man hier bisher sicherlich nicht das aktuelle Zentrum der zeitgenössischen Architektur verorten. Dass hier nun mit Helmut Dietrich und Much Untertrifaller sogar die wohl renommiertesten Vertreter der Vorarlberger Baukultur planen, ist dem architektonischen Sachverstand eines Prager Unternehmers und seiner Frau zu verdanken. Sie wollten schlicht ein großzügiges, aber unprätenziöses Wohnhause, dessen Leben sich überwiegend auf einer einzigen, lang gestreckten Ebene abspielt. Über einem morphologisch reizvoll geformten Terrain mit Bachlauf errichtet, ist das Bauwerk mittels seines betonierten Untergeschosses fest verankert, enthebt sich aber mit dem Wohngeschoss in Teilen ganz der Bodenverhaftung (3). Das Charakteristikum der Südfassade besteht in ihrer sehr eindeutigen Scheidung in geschlossene, holzverschalte und transparente Bereiche. Letztere setzen dem Haus gleichsam gläserne Grenzen und korrespondieren mit zwei Terrassenbereichen zu beiden Enden der Längsseite, die jederzeit einen beschatteten Aufenthalt im Freien ermöglichen. Unterhalb wird in absehbarer Zeit ein Poolbereich, der den Eingangsvorplatz auf die Gegenseite »spiegelt«, zur Abkühlung einladen. Zur Offenheit nach draußen tritt die Offenheit im Raumeindruck, in dem trennende Wände nur so weit als notwendig vorkommen (1/2). Der zentrale Treppenbereich grenzt den gemeinsamen westlichen vom privaten östlichen Bereich ab, ohne Barrieren aufzurichten. Ein zentraler Gang bildet die durchgehende Orientierung der Längsachse, die sich mit der Querachse des Zugangs kreuzt. Eine Flachdachvilla, die beweist, dass großartige Architektur ohne traditionelle repräsentative Insignien auskommt und sich somit ganz auf sich selbst beziehen kann.

WICHTIGE BAUDATEN

Bauaufgabe: Neubau für eine Familie mit zwei Kindern
Standort: bei Prag/Tschechien
Bauzeitraum: 2005 (10 Monate)
Grundstücksfläche: 1.700 m²
Wohnnutzfläche: 325 m²
Umbauter Raum (BRI): 1.484 m³
Bauweise: Untergeschoss Stahlbeton, Erdgeschoss vorgefertigte Holzrahmenbauweise mit Lärchenholzfassade
Energiekonzept: Holzpelletheizung, Warmwasserbereitung durch Solarkollektoren
Baukosten gesamt: keine Angaben

3

1 Abstellraum
2 Bad Eltern
3 Bad Kinder
4 Diele
5 Dusche/WC
6 Garderobe
7 Gästezimmer
8 Herrenzimmer
9 Hobbyraum
10 Kochen
11 Luftraum
12 Schlafen Eltern
13 Schlafen Kinder
14 Swimmingpool
15 Technik
16 Terrasse
17 Waschküche
18 WC
19 Wirtschaftsraum
20 Wohnen/Essen

Grundriss Erdgeschoss

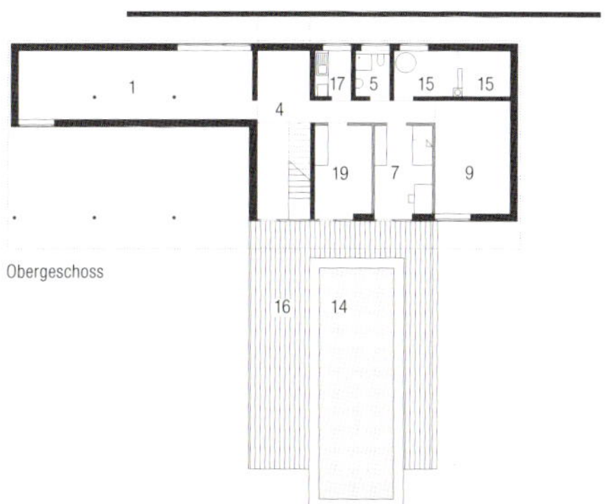

Obergeschoss

0 5 10

1

2

AUFSTIEG ALS ERLEBNIS

Beim ersten Hinsehen als sehr gelungenes, zurückhaltendes wie landschaftsnah interpretiertes Einfamilienhaus zu erkennen, gibt das Haus Kaufmann dem schärferen Blick zunächst einige Rätsel auf: Die Garage befindet sich unterhalb des Hauses, neben ihr ein Eingang, dessen Bestimmung nicht so recht klar zu sein scheint; letztlich führt diese gläserne Haustüre aber zu einer himmelsleiterartigen Stiege, die wiederum unterhalb der Hangoberfläche geradewegs ins Haus mit der zwischengeschalteten Garderobe und zu den Wohngeschossen leitet (3/4). In ihrer Einteilung mit höchster Eindeutigkeit und klarer Rhythmik gehalten, öffnen die Fassaden beider Geschosse die Wohnräume dem Außenraum und vermeiden es, dem weiten Blick in die Landschaft Barrieren entgegenzusetzen. Das ganz oben situierte Hauptwohngeschoss verzichtet weitestgehend auf eine störende Unterteilung der Einraumstruktur, die daher ebenso optimal zur Wirkung kommt wie die entlang der gesamten Talseite verlaufende Sitzbank mit Weitblick (1/2). Beidseits der Traufseiten auskragende Terrassen lassen das Gebäude in die Umgebung ausgreifen, vermeiden dabei aber die plumpe Attitüde so manchen falsch gedachten Balkons. Ein höchst außergewöhnliches Wohnhaus von Dietrich | Untertrifaller, das sich gleichzeitig der Natur bescheiden anpasst.

WICHTIGE BAUDATEN

Bauaufgabe: Neubau eines Einfamilienhauses
Standort: Bregenzerwald
Bauzeitraum: 2003 (6 Monate)
Grundstücksfläche: 663 m²
Wohnfläche: 151 m²
Umbauter Raum (BRI): 933 m³
Bauweise: Mischbauweise
Energiekonzept: Luftwärmepumpe, Wärmeabgabe über Fußbodenheizung
Jahresheizwärmebedarf: ca. 25 kWh/m²
Baukosten: keine Angaben

3

4

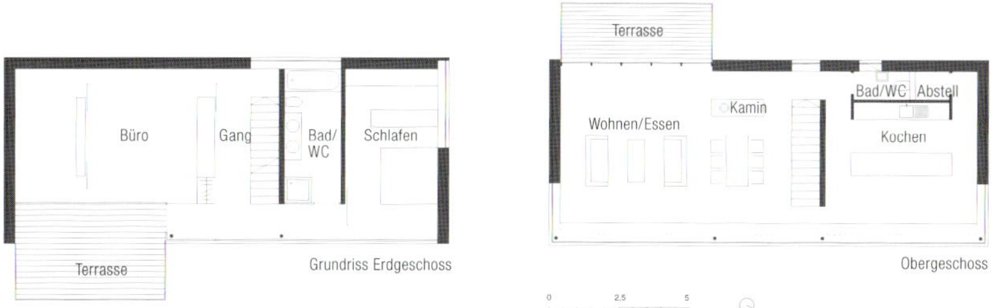
Büro
Gang
Bad/
WC
Schlafen
Terrasse
Grundriss Erdgeschoss
Terrasse
Kamin
Bad/WC
Abstell
Wohnen/Essen
Kochen
Obergeschoss
0
2,5
5

BODENSTÄNDIGKEIT IN ZEITGEMÄSSER PERFEKTION

Helmut Dietrich und Much Untertrifaller stehen seit Jahren für eine Architektur, die in überzeugender Weise moderne Gestaltung mit landschaftsnahem Bauen vereint. Anstelle eines Prestige heischenden Kraftakts steht hier immer die primäre Sicht auf die Sphäre, in der Architektur entsteht. Landschaft, Morphologie und Ortsbild sind somit nicht Staffage, sondern entscheidende Entstehungsbedingungen für Architektur. Dies gilt auch für das Wohnhaus der Familie Fink, das in einem gewachsenen Ortsbereich im Bregenzerwald mit freier Sicht auf Weiden und Bergkämme entstand. Auf dem Grundstück steht unterhalb noch ein wunderschöner, verschindelter Bauernhof, der ein hoch interessantes Bauensemble konstituiert und in der Zukunft noch behutsam saniert werden soll (3). Bei allen sorgsam gesetzten Bezügen zur regionalen Baukultur zeigt sich das Einfamilienhaus doch so eindeutig zeitgemäß strukturiert, dass Zweifel über die Entstehungszeit ausgeschlossen sind. Die Klarheit der Fassadengestaltung (4) tritt zur auffallend großzügigen Strukturierung des Raumes. Nordseitig unter einem Dacheinschnitt ebenerdig erschlossen (2), führen von diesem einleitenden Zwischengeschoss Treppen nach unten und nach oben, wo sich das Wohngeschoss befindet. Zwei Wandscheiben grenzen Koch- und Esszone, Wohnraum und Bibliothek voneinander ab, satinierte Glasschiebewände ermöglichen eine vielfältige Aufteilung des Raums. Unter das Dach aufgenommene Loggien, die die Regelmäßigkeit der Kubatur konterkarieren, setzen das Wohngeschoss nach Süden beziehungsweise Westen fort und gewinnen so reichlich geschützten Aufenthaltsplatz (1). Allerorten findet sich zudem eine Exaktheit in Planung und Bauausführung, die ihresgleichen sucht. Ein überzeugend souveränes Architekturkunststück im Bregenzerwald.

1

2

WICHTIGE BAUDATEN

Bauaufgabe: Neubau für eine Familie mit zwei Kindern
Standort: Bregenzerwald
Bauzeitraum: 2005–2006 (6 Monate)
Grundstücksfläche: 702 m^2
Wohnfläche: 177 m^2
Umbauter Raum (BRI): 1.440 m^3
Bauweise: Holzriegelbauweise (ab Decke EG),
UG und EG Stahlbetonkonstruktion
Energiekonzept: Erdwärmepumpe mit Tiefensonde,
Wärmeabgabe über Fußbodenheizungen
Jahresheizwärmebedarf: ca. 27 Wh/m^2
Baukosten gesamt: keine Angaben

Obergeschoss

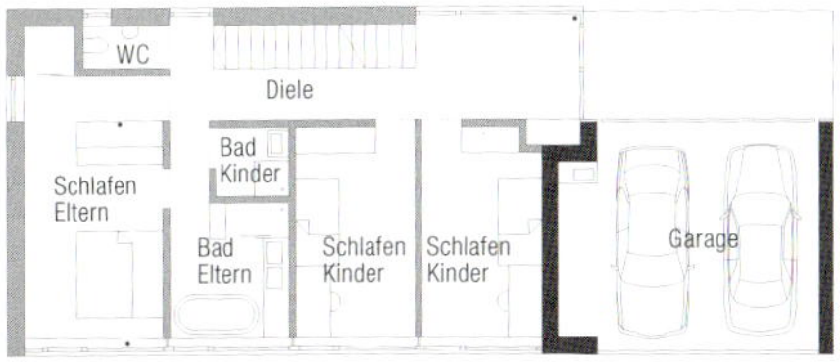

Grundriss Erdgeschoss

EINSCHNITTE UND AUSSICHTEN

Am Hangabfall zu einer steilen Klamm errichtet, profitiert das Haus der Familie Jäger sowohl vom Rauschen des nahen Bachs als auch vom Grün des eingewachsenen Auenbewuchses. Die großen Bäume wirken im Sommer als Schattenspender und lassen im Winter das Sonnenlicht in die Wohnräume scheinen. Die Naturnähe war für die beauftragten Architekten Dietrich | Untertrifaller ein im wahrsten Sinne nahe liegendes und wertvolles Potenzial, das durch die Architektursprache bestmöglich zum Tragen kommen sollte. Der dem talseitigen Giebel gleichsam eingeschriebene Sitzplatz im Erdgeschoss erfüllt diese Zielsetzung ebenso wie der darüber angeordnete »Freiraum« im Kinder- und Schlafgeschoss (2). Der Kunstgriff, die geschlossene Kubatur des Satteldach-Baukörpers aufzubrechen, lässt die Natur sozusagen »ins Haus hereinwachsen« (3/4). Von drinnen nach draußen bieten sich überall dort Ausblicke und Durchblicke, wo diese erwünscht sind, während privatere Abschnitte wie der Wohnbereich gegenüber der Nachbarschaft mittels geschlossener Außenwandflächen eine gewisse visuelle Distanz schaffen. Transparenz herrscht im Eingangsflur, wo der öffentliche in den privaten Raum übergeführt wird, und auch im Koch- und Essbereich, bei dem in erster Linie eine optimale Belichtung und allzeit freie Sichtbeziehungen die Planung prägten (1).

1

2

WICHTIGE BAUDATEN

Bauaufgabe: Neubau für eine Familie mit drei Kindern
Standort: Bregenzerwald/Vorarlberg
Bauzeitraum: 2005
Grundstücksfläche: 744 m^2
Wohnfläche: 160 m^2
Umbauter Raum (BRI): 1.240 m^3
Bauweise: Holz-Leichtbauweise (Untergeschoss Stahlbeton)
Energiekonzept: Wärmepumpe mit Tiefenbohrung,
Wärmeabgabe über Fußbodenheizung
Jahresheizwärmebedarf: ca. 30 kWh/m^2
Baukosten: keine Angaben

3

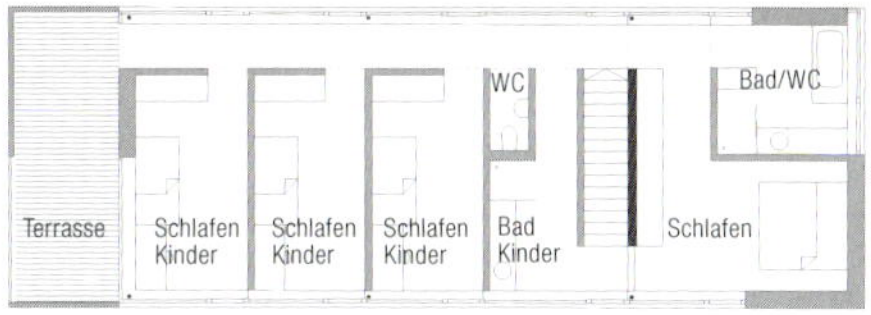

Obergeschoss

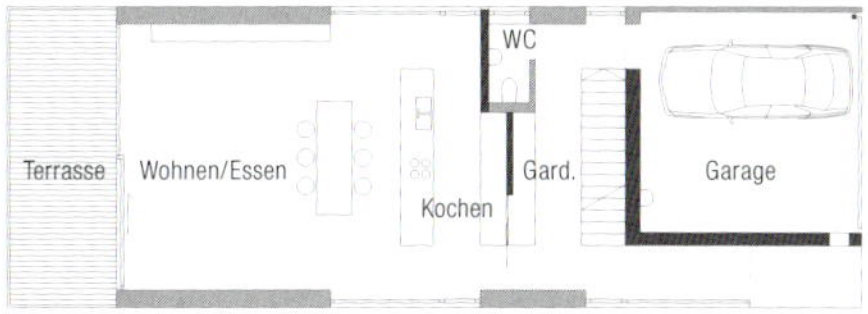

Grundriss Erdgeschoss

4

ARCHITEKTUR UND UMFELD

Gute Architektur leitet sich stets aus ihrem unmittelbaren Umfeld ab. Dies gilt nicht etwa nur für selbstverständliche Aspekte wie die Anpassung an die Morphologie und die erschließungstechnischen Verhältnisse, sondern insbesondere für die Ausrichtung des Lebensraumes, die Blickbeziehungen und die Rückgriffe auf lokal eingesetzte Materialien. Das Haus der Familie Lübbering berücksichtigt dies bis ins Detail. Am Rand eines Gewerbegebiets situiert, wendet und schottet sich das Wohnhaus zur Straße hin weitgehend ab. Fenster befinden sich hier fast ausschließlich in Überkopfhöhe, um eine gute Belichtung zu ermöglichen, negative Blickbezüge aber auszublenden. Ein aus der Straßenfassade auskragender Lichtkasten setzt zumal nachts zusammen mit der übrigen Verglasung grüne Farbakzente. Die hoch geschlossene Längsseite bildet zusammen mit dem sie fortsetzenden eingeschossigen Lager- und Garagenanbau einen Riegel, der den Garten perfekt abgrenzt und einen ruhigen, sehr privaten Gartenraum schafft (4). Auf der Gartenseite wendet sich das Haus jedoch voll der freien Landschaft zu und sammelt Licht wie auch Wärme. Die auf einer Seite in den Garten vorgeschobene Außenwandscheibe formt zudem einen geschützten Hofbereich (3). Der Wohnraum und der Ess-/Kochbereich gruppieren sich – vom Treppenraum separiert – winkelförmig um diesen so entstandenen Innenhof. Das Innenleben organisiert sich um die Eingangshalle – gleichzeitig gestalterisches Herz des Hauses und Knotenpunkt vielfältiger Blickbeziehungen und Lichteinfälle (1/2). In der Materialwahl bezieht sich die Architektur ebenso unmittelbar auf die Umgebung wie die Ausrichtung, Kubatur und Fassadengestalt. Neben den mit Kalkzementputz versehenen Wänden stehen Fassadenbereiche aus rostigem Corten-Stahl, der Anbau setzt sich dagegen douglasienverschalt ab.

1

WICHTIGE BAUDATEN

Bauaufgabe: Neubau für eine Familie
Standort: Herzebrock/Nordrhein-Westfalen
Bauzeitraum: 2004–2005 (10 Monate)
Grundstücksfläche: ca. 11.000 m^2
Wohnfläche: ca. 220 m^2
Umbauter Raum (BRI): 1.527 m^3
Bauweise: Mischbauweise (Stahlbeton und Holzrahmenbauweise mit Corten-Stahlfassade)
Energiekonzept: Gas-Brennwerttherme
Baukosten: keine Angaben

2

3

4

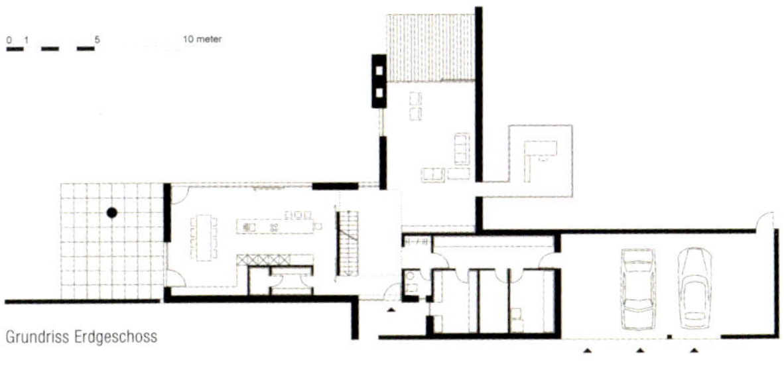

Grundriss Erdgeschoss

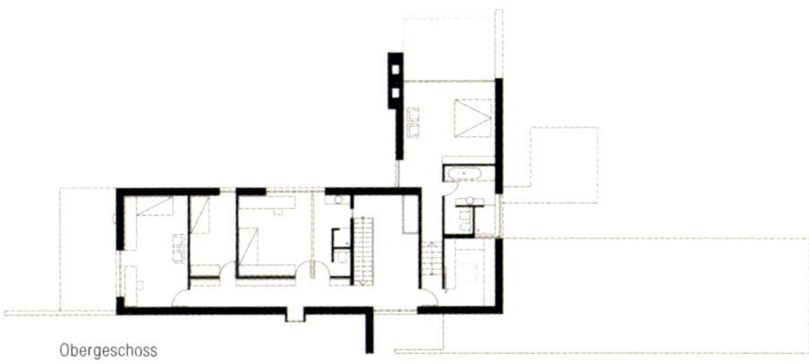
Obergeschoss

TRADITIONELLE ARCHITEKTUR, NEUE ERSCHEINUNG

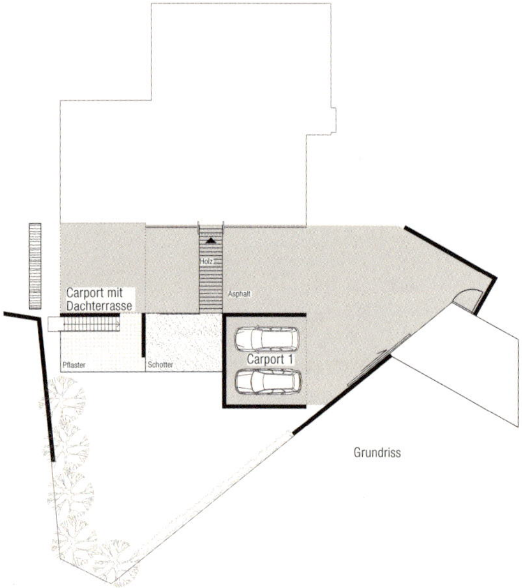

Grundriss

Wie des Öfteren bei der Hinzufügung neuer Bauteile zu einer vorhandenen Substanz lag die Schwierigkeit bei dem Haus der Familie Steinsträter in der Gestaltung der Architektursprache. Die beiden involvierten Generationen der Familie konnten sich nur schwer auf einen gemeinsamen gestalterischen Nenner verständigen und entschieden sich zusammen mit ihren Architekten für eine weitgehend ohne Bestandseingriffe auskommende Hinzufügung dezidiert moderner Elemente im Äußeren. Die Architektur zeigt sich dermaßen von heute und so außergewöhnlich, dass man einen gewagten, kompletten Neubau zu erkennen glaubt. Die zur Straße blickende neue Giebelfassade behält lediglich ihre Grundform bei, hat sich ansonsten gestalterisch aber von der Tradition vollständig emanzipiert. In die waagerechte Lärchenholzverschalung sind Quadrate, Recht- und Dreiecke sowie der mit grünem Türblatt akzentuierte Eingangsbereich dergestalt eingeschnitten, dass gewohnte Spitzdachfassaden nur mehr vage Erinnerung bleiben (2). Die erhöht angeordnete Terrasse mit Treppe zum Garten, Carport und Garage erzeugen einen eigenen Raumzusammenhang aus Stahlbetonkuben, Wandscheiben und eindeutig definierten, grauen beziehungsweise grünen Asphalt- und Rasenflächen (1–4). Der Eingangsbereich wird durch eine rostrote Corten-Stahlwand gefasst und abgeschirmt (2). Eine ausschnitthafte, aber ungemein spannende Architekturkomposition.

1

WICHTIGE BAUDATEN

Bauaufgabe: Teilneubau an bestehendem Wohnhaus
Standort: bei Lette/Nordrhein-Westfalen
Bauzeitraum: 2003 (4 Monate)
Grundstücksfläche: 1.997 m²
Bauweise: Stahlbeton, Corten-Stahl, Lärchenholzfassade
Baukosten: keine Angaben

2

3

4

1

2

3

GROSSARTIGE INSZENIERUNG OHNE PATHOS

An einem Hanggrundstück im südlichen Schwarzwald gelegen, stellt sich das oberhalb der Straße thronende Haus von Weitem als relativ konventioneller Satteldach-Baukörper dar. Bei näherer Betrachtung werden jedoch seine Besonderheiten deutlich sichtbar. Auffälligstes Element ist zunächst der mittels halbhoher Betonmauern auf der gesamten Grundstückslänge dreifach terrassierte Hang, dessen ausgeprägte lineare Struktur durch Reihen von immergrünen Buchsbäumen noch unterstrichen wird (4). Eingang und Garage sind von der Straße aus ebenerdig erschlossen. Von der Haustüre führt unter der Erde ein langer, fast katakombenartiger Gang zum Treppenhaus, das die beiden darüber liegenden Ebenen erschließt. Im Gegensatz zu Katakomben ist dieser Gang jedoch durch ein Lichtshed bestens illuminiert. Auf der Mitte des Weges sind Sitzbänke und Garderobe zwischengeschaltet, die dem Zugang einen ausgesprochen wohnlichen Charakter verleihen. So wie dieser in Art eines Lichtsogs konzipierte Gang bilden auch im übrigen Haus Lichtbänder ein durchgängiges Element, das vor allem im Bereich der Treppenbrüstungen wirkungsvoll eingesetzt wird (2). In der äußeren Erscheinung ist das Gebäude wohltuend reduziert auf die Grundeinheiten des Satteldachhauses zurückgeführt und verzichtet auf jegliche unnötigen und gestalterisch unsinnigen Ingridienzen wie große Dachüberstände, Gauben und Dacheinschnitte (3/5). Insgesamt Architektur auf höchstem Niveau, die auf leere Gesten vollkommen verzichten kann.

WICHTIGE BAUDATEN

Bauaufgabe: Neubau für ein Ehepaar
Standort: Südschwarzwald
Bauzeitraum: 2004–2005
Grundstücksfläche: 898 m^2
Wohnfläche: 270 m^2
Umbauter Raum (BRI): 1.055 m^3
Bauweise: Massives Ziegelmauerwerk
Baukosten: keine Angaben

4

5

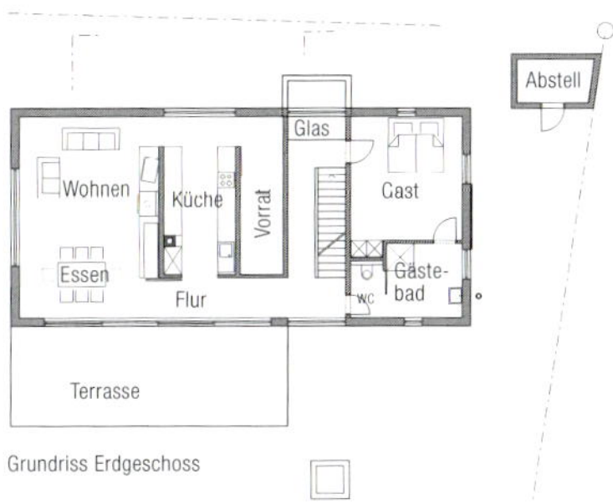

Grundriss Erdgeschoss

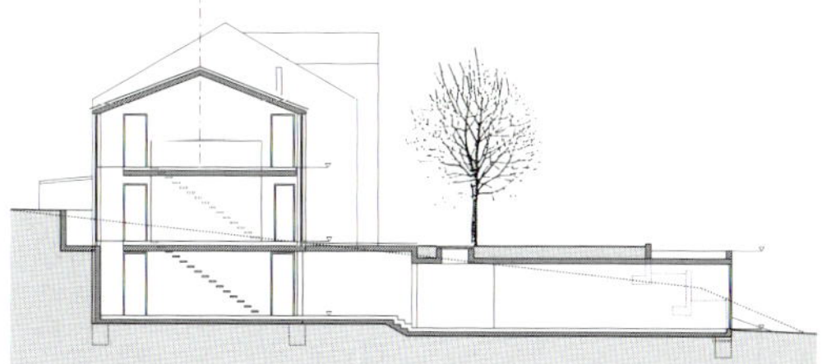

Schnitt A-A

1

2

3

WOHNRIEGEL AM WIESENHANG

Das Wohnhaus der Familie Ebi scheint den Ankommenden gleich einem Raumschiff schier in sich hereinsaugen zu wollen. Der Carport wirkt dabei wie eine einladende Luke, die den Auftakt eines lang gestreckten Raumkorridors bildet. Quer zu einem Hang errichtet, streckt sich das Flachdachgebäude in Richtung Tal, der Landschaft und dem Klingnauer See entgegen. Die lang quaderförmige Gestalt wird durch einen längsseitig laufenden Erschließungs- und Zugangssteg noch unterstrichen, die anthrazitfarbenen Faserzementplatten der Fassaden tragen zur Rhythmisierung bei (4). Dagegen öffnet sich die zweigeschossige, talseitige Fassade ganz dem Weitblick in die Landschaft und holt mit ihrer Verglasung die umgebende Wiese ganz nah heran (3). Nach Südwesten erweitert eine Terrasse den Wohnraum nach draußen, ein gefasster Durchblick setzt die Natur in einen großen Bilderrahmen. Das eingezogene Obergeschoss ermöglicht einen wettergeschützten Aufenthalt unter der Loggia, die sich nach innen in den Koch-, Ess- und Wohnbereich hinein fortsetzt (1/2). Doch nicht nur die Architektur, auch die Haustechnik ist auf dem neuesten Stand: Heizung und Warmwasserbereitung erfolgen über eine Sole/Wasser-Wärmepumpe, die mit einer kontrollierten Be- und Entlüftungsanlage mit Wärmerückgewinnung gekoppelt ist. Im Winter tankt das Haus Wärme aus dem Erdreich, im Sommer wird überschüssige Wärme abgegeben und das Haus gekühlt. Eine Regenwasserzisterne sorgt für den sparsamen Umgang mit natürlichen und ökonomischen Ressourcen. Architektur von großer Eindeutigkeit und faszinierender Klarheit, die sehr gekonnt auf ein harmonisches Wohnen in und mit der Natur ausgerichtet ist.

WICHTIGE BAUDATEN

Bauaufgabe: Neubau für eine dreiköpfige Familie
Standort: bei Baden/Kanton Aargau
Bauzeitraum: 2003–2004 (3 Monate)
Grundstücksfläche: 716 m²
Wohnfläche: 175 m² (zuzüglich 58 m² Nutzfläche)
Umbauter Raum (BRI): 840 m³ (ohne Carport)
Bauweise: Massiv (Ziegelmauerwerk und Stahlbeton)
Energiekonzept: Sole/Wasser-Wärmepumpe, kontrollierte Be- und Entlüftung mit Wärmerückgewinnung, passive Nutzung der Solarenergie
Baukosten: keine Angaben

4

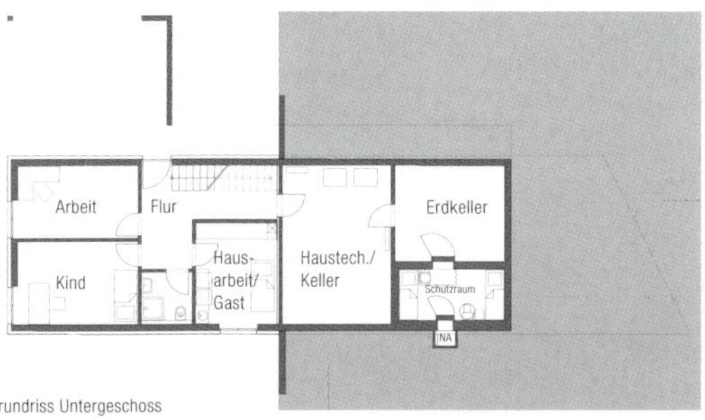

Grundriss Untergeschoss

Grundriss Erdgeschoss

WUNDER-VILLA IM SCHWARZWALD

Bei der Annäherung an den kleinen Ort im Schwarzwald fällt schon von weiter Ferne der Blick auf ein Haus, das sich von der übrigen Bebaungsstruktur deutlich abhebt. Von der Landstraße weit genug entfernt, um Privatheit zu gewährleisten, nehmen die Bewohner die durch die großflächige Verglasung der Südfassade bedingte Exponiertheit nach eigener Aussage im Grunde gar nicht wahr (3). Das ist insofern ein großes Lob für den Architekten, als das Wohnen in diesem Haus die Außenwelt vergessen lässt. Und dennoch besteht eine höchst enge Verbindung zur Landschaft. Bewusst haben die Bauherrn die natürliche Wiesenlandschaft in Morphologie und Bewuchs so belassen wie vorgefunden und auf jegliche Umzäunung verzichtet. Die Kinder spielen gleich draußen vor der Küche, ein Bach in etwa 100 Meter Entfernung bietet ein zusätzliches abenteuerliches Betätigungsfeld. Die holzbeplankte, sich über die gesamte Länge des Erdgeschosses erstreckende Terrasse bildet den Übergang von der Natur ins Haus. Im Inneren erstreckt sich ein im Grunde über zwei Geschosse reichendes Raumkontinuum mit offenem Wohnbereich, der auf der unteren Ebene in der Abfolge Kochen, Essen, Wohnen strukturiert ist (2). An den Wohnbereich schließt sich westseits ein Freisitz an, der von einem winkelförmigen Außenpool eingefasst ist. Die den Westwinden entgegengestellte Wandscheibe gibt durch ein Panoramafenster den Blick in die Schwarzwaldlandschaft frei (4). Nordseits bildet eine verglaste »Eingangs-Schleuse« mit Weitblick den Klimapuffer und das bauliche Zwischenstück zwischen Haus und Dreifachgarage. Im Obergeschoss trennen die Erschließungszone mit Treppe und »Brücke« und der Luftraum gestalterisch den Eltern- (1) vom Kinderbereich, ohne dass eine reale Barriere eingesetzt würde. Eine moderne Familien-Villa in perfekter Ausführung.

WICHTIGE BAUDATEN

Bauaufgabe: Neubau für eine Familie mit zwei Kindern
Standort: Südschwarzwald
Bauzeitraum: 2002–2003
Grundstücksfläche: 770 m²
Wohnfläche: 340 m²
Umbauter Raum (BRI): 1.750 m³
Bauweise: Massiv (Stahlbeton) und Glas
Energiekonzept: Ölbrennwerttherme, Erdwärmetauscher, kontrollierte Be- und Entlüftung und Wärmerückgewinnung
Baukosten gesamt: keine Angaben

2

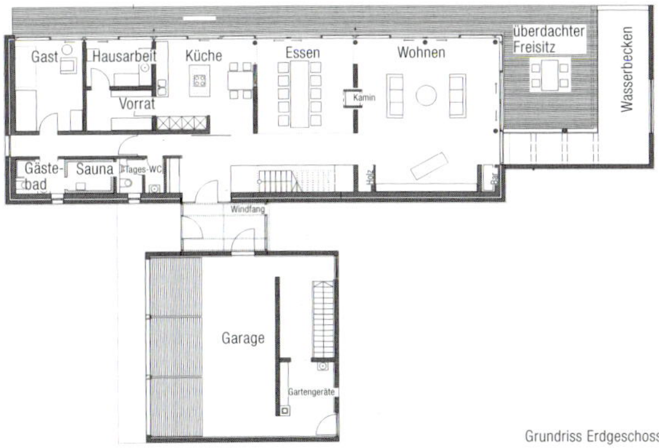

Grundriss Erdgeschoss

Obergeschoss

3

4

NATURNAH UND ÖKOLOGISCH

Das am Rande Augsburgs gelegene Baugrundstück im unmittelbaren Übergang zur freien Natur und zu idyllischen Bachauen bietet den idealen Standort für das ebenso geradlinige wie attraktive Einfamilienhaus. Die blaue Farbe der Fassade setzt einen gelungenen Kontrapunkt zu den Holztönen und den weißen Fensterrahmen (3). Sicherheit vor Hochwasser wurde durch den Verzicht auf eine Unterkellerung und ein um 1 Meter über Geländeniveau erhöhtes Erdgeschoss erreicht. Das Wohnhaus wird über einen nordseitigen Pultdachanbau erschlossen, der einen direkten Zugang zum Garten ermöglicht (2). Diese auch als Wärmepuffer wirkende »Schleuse« erschließt über eine wunderschöne Holztreppe das Obergeschoss und vor allem den zusammenhängenden Wohn-, Ess- und Kochbereich im Erdgeschoss. Auch von hier besteht über mehrere Fenstertüren eine direkte Verbindung zur Terrasse und über vier Holzstufen in den Garten (4). Beide Wohngeschosse erhalten insbesondere von Süden viel Licht und erwärmen sich im Winter durch die dann tief stehende Sonne beträchtlich (1), während zur warmen Jahreszeit der Balkon des Obergeschosses als Vordach wirkt und eine Überhitzung der Räume verhindert. Die ökologische Dämmung sorgt zusammen mit der zweischaligen Ausführung der Außenwände, den Wärmeschutzfenstern und der diffusionsoffenen Konstruktion für eine gute Energiebilanz und für ein sehr angenehmes Raumklima.

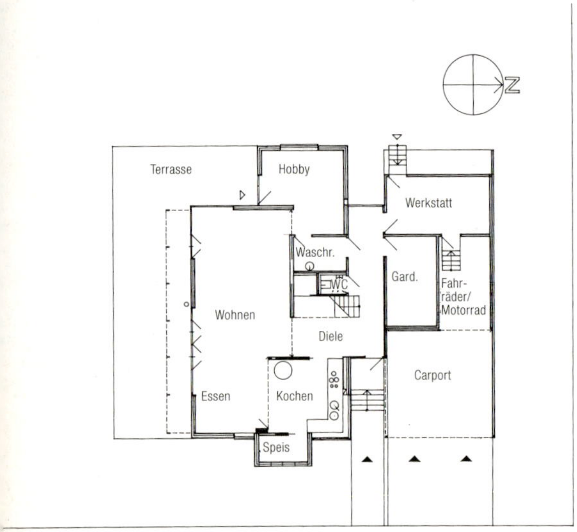

Grundriss Erdgeschoss

WICHTIGE BAUDATEN

Bauaufgabe: Neubau für eine Familie mit Kind
Standort: Augsburg
Bauzeitraum: 2001–2002 (8 Monate)
Grundstücksfläche: ca. 1.000 m²
Wohnfläche: 180 m²
Konstruktion: Holzrahmenbauweise
Energiekonzept: Gas-Brennwerttechnik, Kaminofen (7 KW), passive Solarenergienutzung, Solarkollektor zur Brauchwassererwärmung
Jahresheizwärmebedarf: ca. 30 kWh/m²
Baukosten gesamt: ca. 350.000 Euro

1

2

3

4

GROSSARTIGE ARCHITEKTUR MIT BODENHAFTUNG

Häuser in landschaftsnaher Lage, am Übergang von Siedlungsgebieten zur freien Feldflur, bedürfen immer einer besonders sorgfältigen Planung. Die Architektur darf gerade an solcher Stelle nicht zu prätentiös wirken, sondern muss sich in das gewachsene Umfeld einfügen und diese Nähe für die Wohnatmosphäre nutzen. Beim Haus der Familie Pichler gelang dies vorzüglich und zudem entstand ein Haus mit allem wünschenswertem Wohnkomfort. Der vom Weiß der Fassade und dem graubraunen Naturton der Holzschiebeläden geprägte Bau sitzt nicht etwa beherrschend in dem zum nahen Wald ansteigenden Hang, sondern hält sich bewusst zurück und nützt dabei die Vorzüge der Lage für die Planung optimal aus (1/4). Das ebenerdig erreichbare Erdgeschoss, dem der Carport direkt hangseits zugeordnet ist, besitzt eine nördliche Pufferzone mit Windfang, Garderobe und Nebenräumen, die vom südlichen großen Wohnbereich separiert werden kann. Kochen, Essen und Wohnen nehmen zusammen die gesamte Länge des Baukörpers ein und erzeugen ein außergewöhnliches Raumgefühl (3). Der lange Balkon bietet durch die schlitzartigen Aussparungen in den vorkragenden Giebelseiten raffinierte Durchblicke (2). Das Untergeschoss beherbergt Kinderzimmer und Elternschlafzimmer, Bad und Nebenräume, durch den Gartenausgang ist der überdachte Sitz- und Grillplatz sowie der Außenpool direkt zu erreichen. Ein Lärchenholzrost fasst das Schwimmbecken, von dem einige Stufen in den tiefer gelegenen Abschnitt des Gartens überleiten (4).

WICHTIGE BAUDATEN

Bauaufgabe: Neubau für eine Familie mit Kindern
Standort: Oberösterreich
Bauzeitraum: 2001–2002 (11 Monate)
Grundstücksfläche: 940 m^2
Wohnnutzfläche (ohne Balkone und Terrassen): 237 m^2
Umbauter Raum (BRI): 1.145 m^3
Bauweise: Massiv (Ziegelmauerwerk); Carport in Holzriegelbauweise
Energiekonzept: Erdsonden-Wärmepumpe (Tiefenbohrung) als Zentralheizung, Wärmeabgabe über Fußbodenheizung
Baukosten: keine Angaben

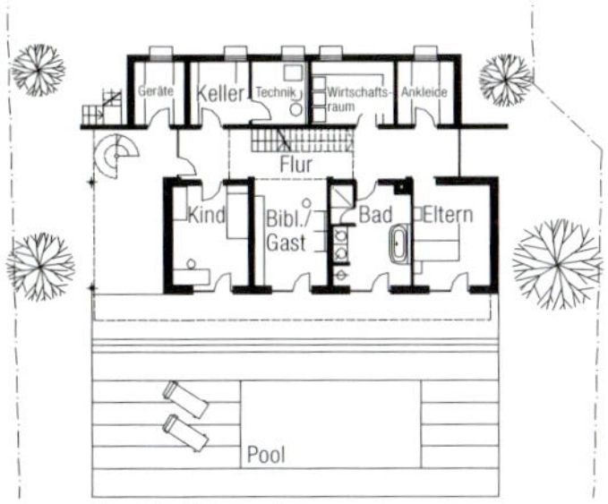

Grundriss Untergeschoss

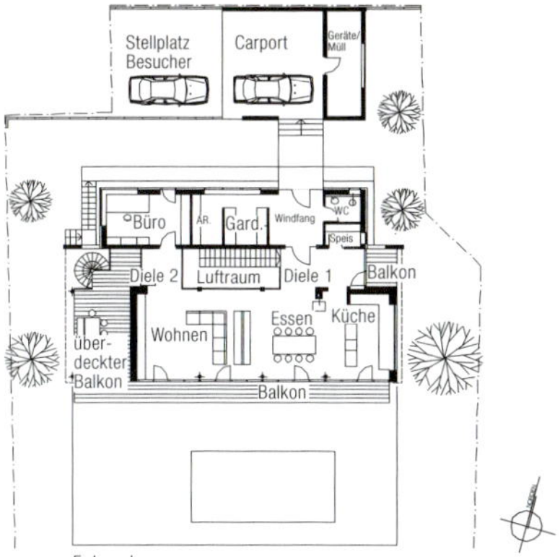

Erdgeschoss

ARBEITSGEMEINSCHAFT WALTER ENGL
UND S + C BAUPLANUNG
UND PROJEKTMANAGEMENT,
Aurolzmünster/Österreich und Timelkam/Österreich

WEISSE VILLA AM HANG

Hanglagen bieten bei der Planung von Gebäuden besondere Schwierigkeiten, aber auch Möglichkeiten für außergewöhnliche Gestaltungs- und Nutzungskonzepte. In diesem Fall bestand die Aufgabe darin, ein großzügiges Wohnhaus für eine Unternehmerin zu entwerfen, das den sich auf der Parzelle bietenden weiten Ausblick perfekt in Szene setzen und ein überdurchschnittliches Innenraumniveau erreichen sollte. Auf der Nordostseite mit dem Haupteingang der Erschließungsstraße zugewandt, zeigt sich das Flachdachgebäude dort eingeschossig, besitzt aber darunter hangseits ein zweites Wohngeschoss. Der Zugangs- und Vorgartenbereich ist durch eine klare Gestaltung mit weißem, diese eher dunkle Seite aufhellendem Marmorkies und ein sehr überlegtes Bepflanzungskonzept gekennzeichnet, das im Frühjahr insbesondere durch verschiedenfarbige Tulpen geprägt wird (4). Da auf der unteren Wohnebene neben dem Sauna- und Wellnessbereich mit Anbindung an den Outdoor-Pool, Schlafzimmer, Bad und Ankleide noch ausreichend anderweitiger Stauraum vorhanden ist, konnte auf eine weitere Unterkellerung verzichtet werden. So sind alle Bereiche der Villa vollwertig nutzbar und optimal belichtet, zumal die Ausrichtung der Hauptwohnräume nach Südwesten, zur Talseite hin erfolgte. Hier weist der Baukörper nicht nur zwei Geschosse auf, sondern ist auch in Art eines Triptychons gestaltet: zwei Seitentrakte fassen dabei den zurückversetzten Mittelteil, wodurch ein Atrium mit blickgeschütztem Schwimmbecken und Terrasse entstanden ist (2/3). Die beiden Seitenarme bieten ihrerseits zusätzlichen Aufenthaltsraum im Freien und direkten Zugang zum Koch- und Essbereich, der sich im Erdgeschoss befindet (1). Dieser setzt sich winkelförmig in den südwestlichen Wohnbereich fort. Eine moderne Villa ganz besonderer Qualität, die die Lagebedingungen optimal ausnutzt.

1

2

WICHTIGE BAUDATEN

Bauaufgabe: Neubau einer Villa am Hang
Standort: Oberösterreich
Bauzeitraum: 2004–2005 (9 Monate)
Grundstücksfläche: 920 m^2
Wohnnutzfläche: 291 m^2
Umbauter Raum (BRI): 1.695 m^3
Bauweise: Massiv (Ziegelmauerwerk)
Energiekonzept: Gas-Brennwerttherme sowie passive Nutzung der Sonnenenergie
Jahresheizwärmebedarf: ca. 65 kWh/m^2
Baukosten: keine Angaben

3

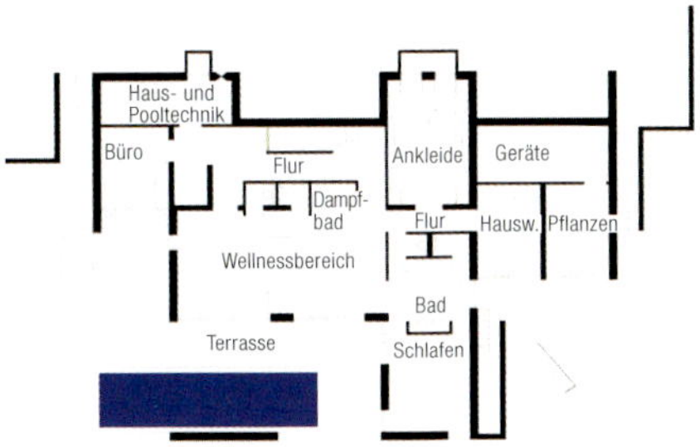

Grundriss Untergeschoss

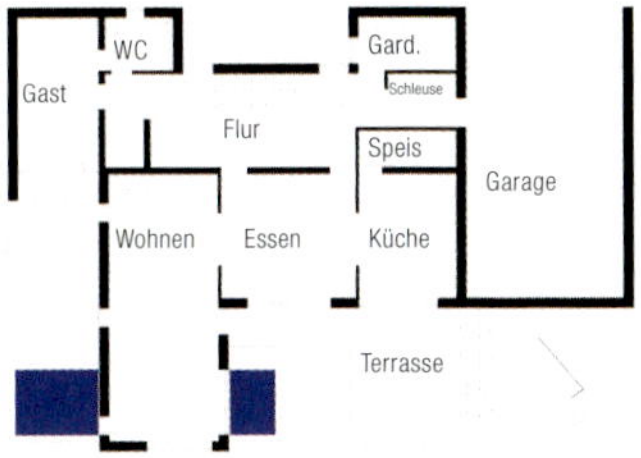

Erdgeschoss

4

ARBEITSGEMEINSCHAFT WALTER ENGL
UND S + C. BAUPLANUNG
UND PROJEKTMANAGEMENT,
Aurolzmünster/Österreich und Timelkam/Österreich

1

2

WELLNESS UND GROSSZÜGIGKEIT

Ein Gebäude, das nahezu alle Komfortansprüche erfüllt und dennoch in keiner Weise protzig auftritt, ist nicht alltäglich. Das Haus der Familie Bernhofer schafft es jedoch, seine beachtliche Wohn- und Nutzfläche und viele Komfortfunktionen mit bescheidener, zeitgemäßer Architektur zu vereinen. Der verputzte und einfach weiß gestrichene Massivbau weist in seinem Hauptbaukörper ein Satteldach auf, das über ein niedrigeres Flachdach im Bereich des Treppenhauses und das verglaste Pultdach der »Eingangsschleuse« (2) zum niedrigsten Punkt in Gestalt der Dreifachgarage abgeleitet wird (3). Diese formal überzeugende visuelle Überleitung verleiht den Teilbaukörpern eine besondere gestalterische Einheitlichkeit. Auf der Südwestseite öffnet sich das Gebäude zur Sonne, »erntet« somit im Winter reichlich passive Wärmegewinne und bleibt im Sommer doch angenehm temperiert, da der den Kinderzimmern zugeordnete Balkon im Obergeschoss dann die mittags steil einfallenden Strahlen vom Hausinneren fernhält (4). Zudem steht mit der vom Elternschlafzimmer aus erreichbaren Terrasse ein weiterer Freibereich zur Verfügung. Ein 4 mal 8 Meter messender Außenpool bildet den Mittelpunkt der lärchenholzgedeckten Terrassenlandschaft, die vom Erdgeschoss aus direkt erreichbar ist. In gestalterischer Entsprechung dazu sind auch die Holzschiebeläden aus wetterbeständigem Lärchenholz gefertigt, das wie erwünscht mit der Zeit reizvoll vergraut. Ein »Wellnessabteil« im Untergeschoss mit finnischer Sauna wird durch einen uneinsehbaren Entspannungsbereich im Freien komplettiert. Im Inneren ist das Erdgeschoss mittels trennender Regaleinheiten in Koch- und Essbereich einerseits und Wohnbereich andererseits unterteilt, oben trennt das Treppenpodest den Trakt der Kinder mit separatem Bad von dem der Eltern (1). Viele Komfortfunktionen, viel durchdachte Grundrissgestaltung in architektonisch eindeutigem Rahmen.

WICHTIGE BAUDATEN

Bauaufgabe: Neubau für eine Familie mit Kind
Standort: Oberösterreich
Bauzeitraum: 2002–2003 (17 Monate)
Grundstücksfläche: 2.000 m^2
Wohnfläche: 252 m^2 (zuzüglich 45 m^2 Balkon und Dachterrasse, 15 m^2 überdeckter Freisitz EG, 95 m^2 Holzsteg, 32 m^2 Pool, 41 m^2 Freibereich UG vor Wellnessbereich)
Umbauter Raum (BRI): 1.500 m^3
Bauweise: Massiv (Ziegelmauerwerk)
Jahresheizwärmebedarf: ca. 66 kWh/m^2
Baukosten gesamt: keine Angaben

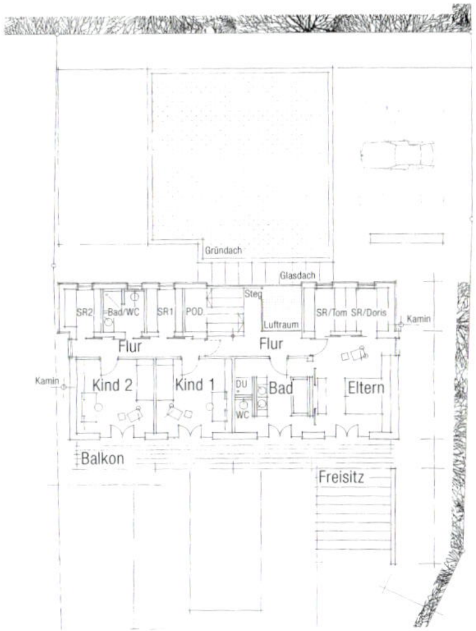

Obergeschoss

3

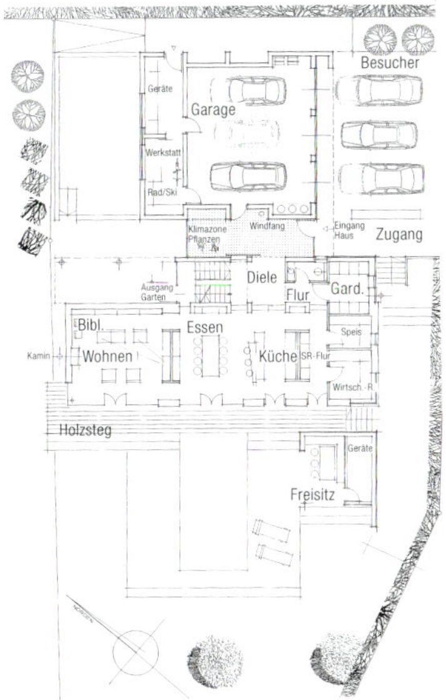

Grundriss Erdgeschoss

4

EIN »FAMILIENDORF« ZWISCHEN BÄUMEN

Am Anfang war in diesem Falle ein naturnahes Grundstück, das in seiner Mitte eine kleine Waldung aufwies. Da dieses Umfeld für die Bauherren, eine dreiköpfige Familie, der eigentliche Grund für die Ansiedlung war, verbat sich von vornherein jeglicher größere Eingriff. Die beauftragten Architekten Susi Fritzer und Wolfgang Feyferlik standen damit vor der nicht ganz einfachen Aufgabe, die gewünschten Nutzungen gleichsam um den Baumbestand herum zu planen (2). Es entstand ein in enger Abhängigkeit von der Geländemorphologie entwickeltes Bebauungskonzept, das ein lang gestrecktes, teils eingegrabenes Wohngebäude mit daran fächerähnlich angedockten Teilbaukörpern und ein an der westlichen Grundstücksgrenze errichtetes Musikstudio umfassen. Dazwischen schiebt sich verbindend und vermittelnd ein Außenpool ein. Grundthema war es, außergewöhnliche Raumerlebnisse im Wechselspiel von Innen und Außen zu kreieren, ohne bauliche Grenzen und Privatheit völlig aufzulösen. Unter dem Blätterdach gesellen sich nun im Charakter sehr unterschiedlich gehaltene Teile in Art eines kleines Dorfes um einen konstruktiven Kern aus Sichtbeton. Der nach Süden, Osten und Westen komplett verglaste Wohn-, Ess- und Kochtrakt ist an Offenheit kaum zu überbieten (3/4), während sich der elterliche »Kokon-Körper« mit Schlafzimmer und Bad in wohnliches Holz kleidet (1). Im Bereich der unverglasten Fassadenbereiche wurde die Folie der Dachhaut über die hier vorliegende Wandkonstruktion aus Holz heruntergezogen. Als zweite Ebene darüber gesetzt und somit den Baumkronen entgegen gebaut ist das Reich der Tochter, das somit deutlich separiert, aber durch den gemeinsamen Erschließungsbereich angebunden ist. Ein faszinierendes Haus mit gesamtheitlich entwickelter, höchst spannender Fügung der Baukörper, dessen Raumzusammenhänge die Nuancen zwischen Transparenz und Zurückgezogenheit erkunden.

1

WICHTIGE BAUDATEN

Bauaufgabe: Neubau für eine Familie mit fast erwachsener Tochter
Standort: bei Graz/Steiermark
Bauzeitraum: 2000–2002
Grundstücksfläche: ca. 1.500 m^2
Wohnnutzfläche: ca. 220 m^2
Bauweise: Mischbauweise (Sichtbetonkern, Wände in Holzkonstruktion oder Glas)
Energiekonzept: Erdwärmepumpe, Wärmeabgabe über Fußbodenheizung
Baukosten gesamt: ca. 430.000 Euro

2

3

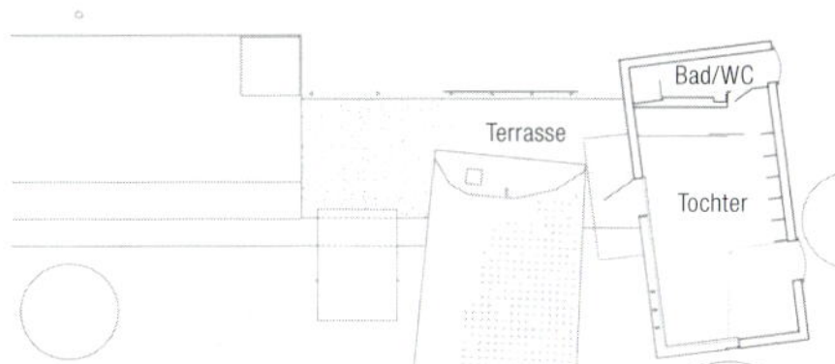

Grundriss Obergeschoss

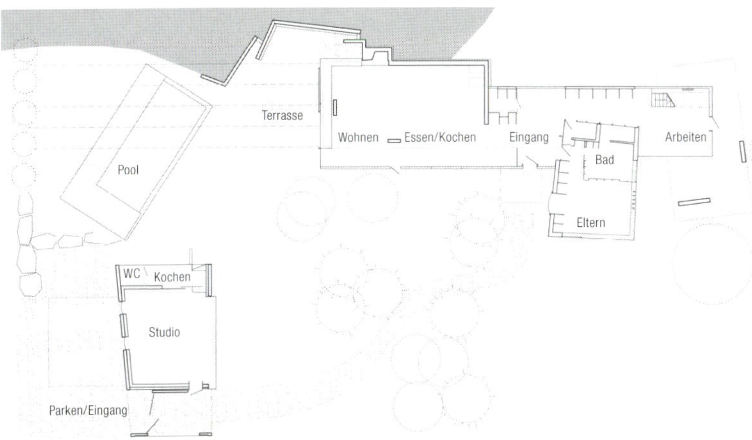

Grundriss Erdgeschoss

4

UM DEN BAUM GEBAUT

1

2

Ein Baum im Haus! Wie kann das sein? Das Architektenduo Susi Fritzer und Wolfgang Feyferlik gibt mit seinem außergewöhnlichen Einfamilienhaus der Fantasie Futter. Der uralte Laubbaum wächst mitten durch den Eingangsbereich, eine Art Veranda (2) und steht bei diesem Projekt für die Durchdringung der Architektur durch die Natur. Der Auftrag der Bauherrschaft und der Ehrgeiz der Architekten richteten sich von vornherein auf das Ziel, den auf dem Bauplatz – einem ehemaligen Landschaftspark – vorgefundenen Baumbestand zu erhalten und in möglichst spannender Weise in die Hausbauplanung einzubeziehen (3/4). Das Gebäude ist dergestalt um die Bäume herum gebaut, dass zwei grüne Riesen die konisch zulaufende Engstelle in der Hausmitte – den Eingangs- und gemeinsamen Essbereich – definieren. Nach Nordosten hin weitet sich der Baukörper auf, nach Nordwesten knickt er ab – je nach der Position der vorhandenen Bäume. Hier wird nicht Natur durch biomorphe Formen nachgeahmt, sondern sie bestimmt die Gestaltung des Baukörpers direkt mit und wird im Eindruck zum unmittelbaren Teil des Wohnraums. Glasfassaden mit geringst möglicher Profilierung prägen das äußere Bild und entgrenzen Innen- und Außenräume. So sind sowohl die Ost- als auch die Süd- und Westseite raumhoch verglast. Wohnen, Essen, Kochen und auch Schlafen finden hier im Angesicht der Baumriesen statt (1). Die nahezu stützenfreie Konstruktion – ermöglicht durch einen 22 Meter langen Stahl-Fachwerküberzug – macht die Räume vollends zum Erlebnis. Als Stahlbeton bestehende Außenwandbereiche mit schwarzer Folienhaut schützen die Nordfassade. Durchgehende Eingeschossigkeit schafft eine ideale Wohnatmosphäre, belässt dem Haus seine Erdverhaftung und den Nachbarn ihre Aussicht. Die Kinder haben im Westteil des Hauses ihr eigenes Reich, das sie auch durch einen separaten Eingang erreichen und verlassen können. Bauen mit der Natur mit reicher Fantasie und in perfekter Funktionalität.

WICHTIGE BAUDATEN

Bauaufgabe: Neubau für eine Familie mit zwei Kindern
Standort: Graz/Steiermark
Bauzeitraum: 2004–2005
Grundstücksfläche: ca. 1.600 m²
Wohnnutzfläche: ca. 220 m²
Umbauter Raum (BRI): 810 m³
Bauweise: Mischbauweise (Glasfassaden, Stahlbeton (u.a. Außenwand Nordseite), Stahlüberzug, Dach in Holzkonstruktion mit Folienabdichtung)
Energiekonzept: Wärmepumpe mit Flächenkollektor, Wärmeabgabe über Fußbodenheizung
Baukosten gesamt: ca. 350.000 Euro

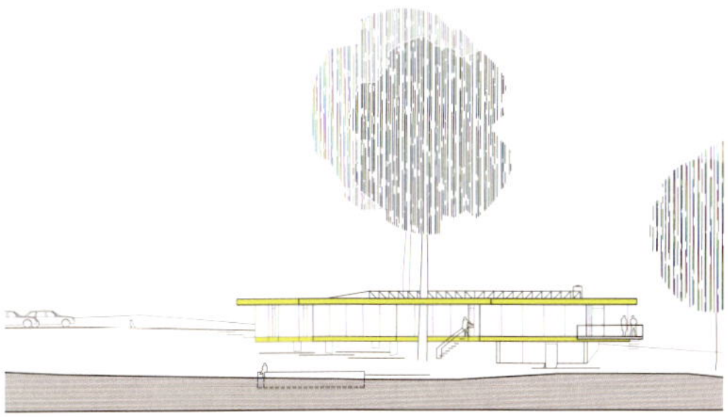

Schnitt

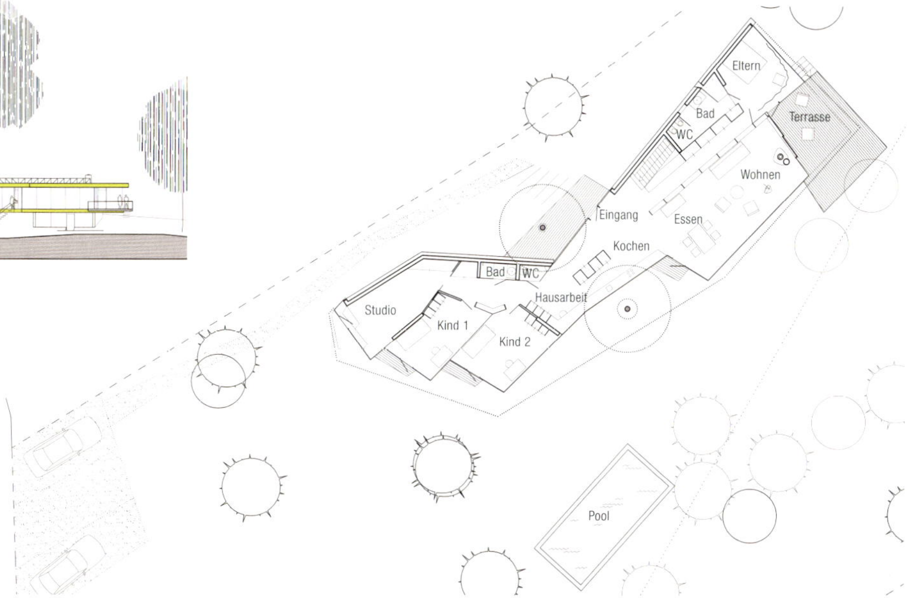

Grundriss Erdgeschoss

GERADLINIG AUSSERGEWÖHNLICH

Bei einem ehemaligen Tagebauareal im Süden von Leipzig entstand nahe des dort geschaffenen Sees ein Baugebiet in bevorzugter Wohnlage. Das Leipziger Architekturbüro Fuchshuber und Partner plante hier für ein Ehepaar mit zwei Kindern. Senkrechte Wandscheiben und waagerechte Dachflächen verleihen dem winkelförmigen, im Grundkonzept aus zwei zusammengesetzten Kuben bestehenden Baukörper ein außergewöhnliches Erscheinungsbild. Die in dunklem Rot abgesetzten Dachüberstände auf der Eingangs- wie auf der Gartenseite fügen die beiden Bereiche visuell zusammen und erfüllen zudem die Funktion des Regen- beziehungsweise des Sonnenschutzes. Zur Straße hin zeigen sich die hier verputzten Außenmauern eher reserviert, während die zum Gartenhof ausgerichteten Fassaden mit ihrer Holzverschalung eine deutlich wärmere Ausstrahlung besitzen. Farblich stufen sich die Fassaden vom Chamois der Wandflächen über das lichte Grau der Fensterrahmen bis zum tiefen Blau der Schiebeläden. Im Inneren findet sich ein gekonntes Spiel aus schwarzen Schieferböden, alabasterweißen Wandflächen, Eiche für die Holzbauteile und weiß lasierten Holzdecken. Die von den Architekten geplante und aus hochwertigem Massivholz gefertigte Treppe bildet den zentralen Erschließungsraum und Mittelpunkt des Raumprogramms (2). Im Obergeschoss winkelt sich der detailgenau gestaltete Badezimmer- und Saunabereich (1) um das Treppenhaus mit der Galerie, die gleichzeitig Durchgangsstation zwischen Kinderzimmern und Elternschlafzimmer ist. Auf der Eingangsebene ist der Essbereich offen mit dem Treppenhaus verbunden, ebenso erfolgt von dort der Zugang zum etwas tiefer gelegenen Wohnraum wie auch zur Terrasse, die von den beiden Gebäudeflügeln wirksam gefasst ist (4). Wie auf der Gartenseite die Aufenthaltsfunktion im Vordergrund steht, so ist die Eingangsfassade mit ihrer fast neoklassischen, symmetrischen Einteilung von konsequenter Geradlinigkeit (3) – eine Kunst, die sich durch das planerische Konzept des gesamten Hauses zieht.

1

2

WICHTIGE BAUDATEN

Bauaufgabe: Neubau für eine Familie mit zwei Kindern
Standort: bei Leipzig
Bauzeitraum: 2004–2005 (8 Monate)
Grundstücksfläche: 970 m^2
Wohnfläche: 235 m^2
Umbauter Raum (BRI): 1.310 m^3
Bauweise: Massiv (Wände Ziegelmauerwerk, Keller und Decken Stahlbeton), flach geneigtes Dach als Holzkonstruktion mit Flachdachabdichtung bekiest
Energiekonzept: Gasbrennwerttherme
Jahresheizwärmebedarf: ca. 63 kWh/m^2
Baukosten: ca. 440.000 Euro

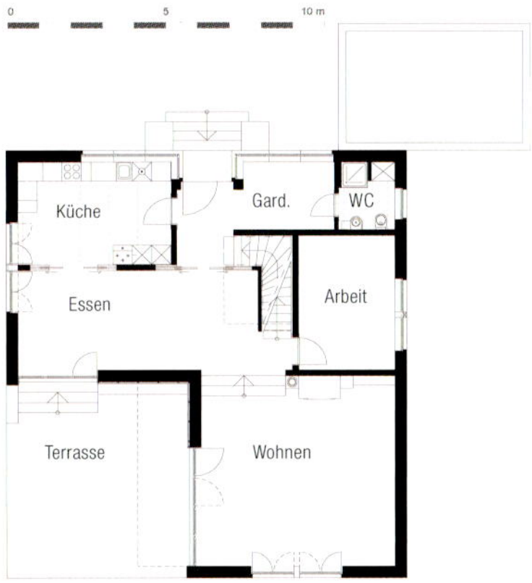

Grundriss Erdgeschoss

Obergeschoss

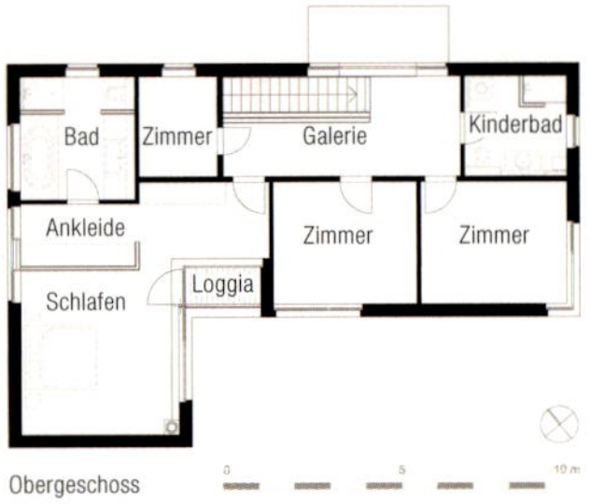

Obergeschoss

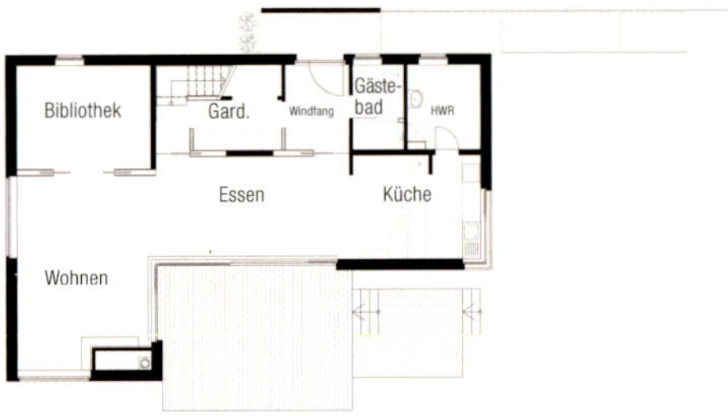

Grundriss Erdgeschoss

1

KLASSISCHE KLARHEIT

In einem durch Bauten der 30er jahre geprägten Villenviertel Leipzigs stand in einem gartenstadtähnlichen Umfeld eines der letzten verfügbaren Grundstücke zur Bebauung an. Die Größe der Parzelle und die grüne Umgebung gaben letztlich den Ausschlag für die Kaufentscheidung. Die Problematik der gegenüber dem Terrain deutlich erhöht liegenden Zufahrtsstraße und die sich dadurch stellenden Entwässerungsprobleme wurden vom Architekturbüro Fuchshuber und Partner dadurch gelöst, dass das Gebäude auf erhöhte Fundamente gestellt und nicht unterkellert ist. Die Größe des Grundstücks und des Baufensters machten es möglich, den benötigten Stau- und Lagerraum innerhalb der beiden Wohnebenen unterzubringen. Die Flachdachbauweise erlaubt die optimale Ausnutzung beider Geschosse ohne Einschränkung durch Dachschrägen. Im Obergeschoss trennt eine erschließende Galerie den Eltern- vom Kindertrakt, unten findet sich eine weitgehend offene Abfolge von Räumen, die aber in sich ausgesprochen spannungsvoll strukturiert ist. In Trennwände eingelassene, raumhohe Glasschiebetüren erlauben auch die teilweise Abtrennung von Raumeinheiten. Die Architekten achteten bei der Innenarchitektur insbesondere auf die Einheitlichkeit der Materialien – etwa als Bodenbeläge Eiche dunkel beziehungsweise hell im Erdgeschoss und Obergeschoss, Schiefer in den Bädern (1/4/5) – und plane Oberflächen mit glatten Holztürblättern und Schattenfugen sowie putzbündig eingebauten Sockelleisten. Im Äußeren fällt ein außergewöhnlich souveräner Umgang mit Kubatur und Fassadengestalt auf (2). In bewusster Anlehnung an den Formenkanon der klassischen Moderne, jedoch in zeitgemäßer Eigenständigkeit entstand ein weißer, winkelförmiger Bau mit einem halb zum Garten geöffneten Terrassenhof (3). Von dort treppt das Niveau in mehreren Stufen zu dem des übrigen Gartens hin ab, der Blick aufs Haus wird somit besonders wirkungsvoll inszeniert.

WICHTIGE BAUDATEN

Bauaufgabe: Neubau für eine Familie mit zwei Kindern
Standort: Leipzig
Bauzeitraum: 2004–2005 (7 Monate)
Grundstücksfläche: 7.900 m^2
Wohnfläche: 227 m^2
Umbauter Raum (BRI): 930 m^3
Bauweise: Massiv (Wände Ziegelmauerwerk, Decken/Dach und Fundamente Stahlbeton)
Energiekonzept: Gasbrennwerttherme
Jahresheizwärmebedarf: ca. 70 kWh/m^2
Baukosten: keine Angaben

2

3

4

5

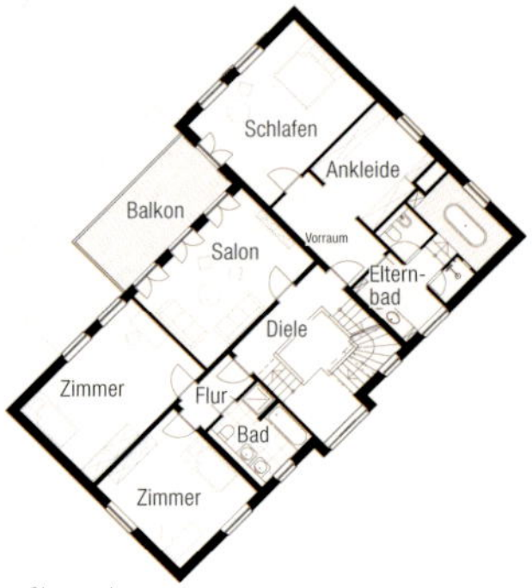

Obergeschoss

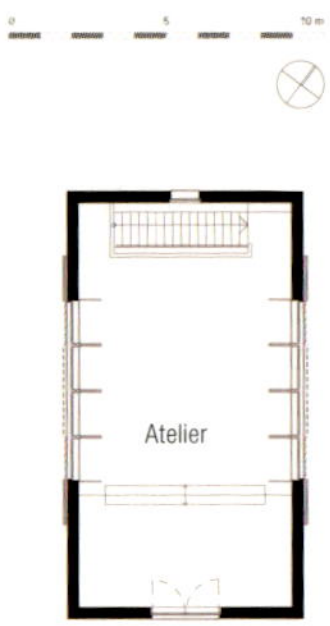

Grundriss Erdgeschoss

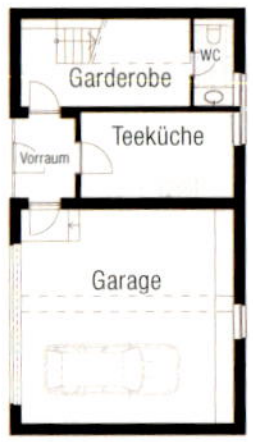

1

POSTMODERNE REVISITED

Die Architekturdiskussionen der 1980er Jahre über das Für und Wider so genannter postmoderner Architektur sind inzwischen längst verklungen. Insofern bietet sich heute wieder die Chance, sich eines Formenkanons zu bedienen, der im Detail Erinnerungen an klassische oder neoklassische Elemente weckt. Wenn dies so gekonnt umgesetzt wird wie in diesem Fall vom Büro Fuchshuber und Partner, kann dies die Architekturlandschaft nur bereichern. Bei dem Bauvorhaben war ein großzügiges Wohnhaus für eine Familie sowie ein eigenständiger, kleinerer Baukörper mit Musikatelier (3) zu errichten. Beide Gebäude zeichnen sich durch klare Fassadengestaltung und Symmetrien aus, wobei das Wohnhaus sich als virtuose, völlig eigenständige Symbiose aus Gestaltungselementen der Nachkriegsmoderne und der klassischen bis postmodernen Architektur präsentiert (2). In Entsprechung zum klassischen, symmetrischen Fassadenkonzept der Traufseiten wird das Wohnhaus mittig erschlossen, durch die Diele und das Esszimmer geht der Blick geradewegs weiter in den Garten. Von der Küche klar getrennt, lässt sich der Essbereich (1) durch das Öffnen gläserner Schiebetüren fast vollständig mit dem tiefer gelegenen Wohnraum verbinden. Von dort führen fünf Stufen hoch zur Bibliothek. Der räumliche Zusammenhang ist ausgesprochen spannend, wozu nicht zuletzt die hochwertigen Materialien – etwa Eiche für alle Holzbauteile und Böden, Waschtische in hellem Limestone – beitragen. Die Treppe stellt sich ihrerseits nicht nur in den Dienst der räumlichen Erschließung, sondern konstituiert durch ihre wertige Gestaltung, die zwischengeschalteten Podeste und die unterschiedlichen Lauflängen auch ein wichtiges Gestaltungselement (5). Im Obergeschoss findet sich ähnlich der Raumstruktur des »piano nobile« herrschaftlicher Häuser ein zentral situierter Salon, dem zu seinen Seiten der Eltern- und der Kinderbereich mit jeweils eigenen Bädern zugeordnet sind (4).

WICHTIGE BAUDATEN

Bauaufgabe: Neubau für eine Familie mit zwei Kindern mit Ateliergebäude
Standort: bei Leipzig
Bauzeitraum: 2004–2005 (8 Monate)
Grundstücksfläche: 1.250 m^2
Wohnfläche: 426 m^2 (zuzüglich 82 m^2 Atelier/Musiksaal im Nebengebäude)
Umbauter Raum (BRI): 2.258 m^3
Bauweise: Massiv (Wände Ziegelmauerwerk, Decken Stahlbeton, Keller WU-Beton), Dach Holzkonstruktion mit Ziegeldeckung
Energiekonzept: Gasbrennwerttherme
Jahresheizwärmebedarf: ca. 65 kWh/m^2
Baukosten: keine Angaben

2

3

4

5

1

2

GROSSER AUFTRITT BEI BESCHRÄNKTER WOHNFLÄCHE

Der Bau eines zweiten Hauses bietet der Bauherrschaft oft die Chance, neue Wohnformen in neuem architektonischen Rahmen umzusetzen, ohne an das Raumprogramm für eine Familie mit Kindern gebunden zu sein. Zudem können hier im Lauf der Zeit entstandene Wünsche verwirklicht werden. Beim Haus Schmuck ergriff der Architekt Hans Gangoly diese Chance beim Schopfe, um in reizvoller Hanglage am Stadtrand von Graz den Typus einer lang gestreckten Flachdachvilla mit überwiegend offenem Raumzusammenhang zu schaffen. Das Leben spielt sich im Grunde nur im Erdgeschoss ab, darunter befinden sich lediglich Heiztechnik- und Nebenräume. Mit der westlichen Seite dem Tal zugewandt, streckt sich das Gebäude ebenso spektakulär wie leichtfüßig auf Betonstützen der Landschaft und dem Himmel entgegen (3/4). Die silberfarbene Außenhaut aus Acrylplatten tut das Übrige, um die Grenzen zwischen Architektur und Himmel aufzulösen. Wohnerlebnis entsteht hier nicht durch Wohnfläche, sondern durch offene Raumzusammenhänge und gezielt inszenierte Situationen. Neben der konstruktiv vermittelten Schwerelosigkeit des Baukörpers stellt auch die Erschließung des Wohngeschosses von unten, gleichsam durch einen »Schlitz im Haus«, einen gestalterischen Höhepunkt dar (2). Zwei gefaltete Stahltreppen verbinden Himmelsleitern gleich Kellergeschoss, Erdgeschoss und Dachgeschoss. Der so entstandene Innenhof holt durch große Glasflächen zusätzlich Helligkeit herein, innerhalb des Erdgeschosses wie zwischen den Ebenen entstehen so vielfältige Durchblicke. Kunstvoll inszeniert wird insbesondere das nördlich angeordnete Bad, das die hier ansonsten undurchdringliche Außenwand zur Landschaft öffnet. Der Waschplatz ist in ungewöhnlicher Manier am Fenster mit Blick nach draußen platziert (1). Ein kompaktes, aber ausgesprochen groß wirkendes Wohnhaus mit überzeugendem Gesamtkonzept und wirkungsvollen Blickfängen.

WICHTIGE BAUDATEN

Bauaufgabe: Neubau für ein Ehepaar
Standort: Graz/Steiermark
Bauzeitraum: 2004–2005 (11 Monate)
Grundstücksfläche: 800 m^2
Wohnnutzfläche: 150 m^2
Umbauter Raum (BRI): 570 m^3
Bauweise: Mischbauweise (Fassaden als Holzfertigteile, Decken- und Bodenplatte Stahlbeton)
Energiekonzept: Ölbrennwertheizung
Jahresheizwärmebedarf: ca. 60 kWh/m^2
Baukosten gesamt: ca. 320.000 Euro

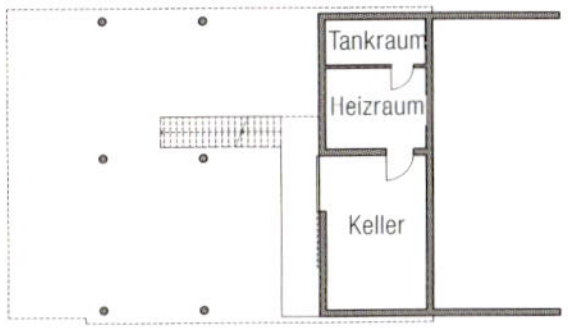

Grundriss Kellergeschoss

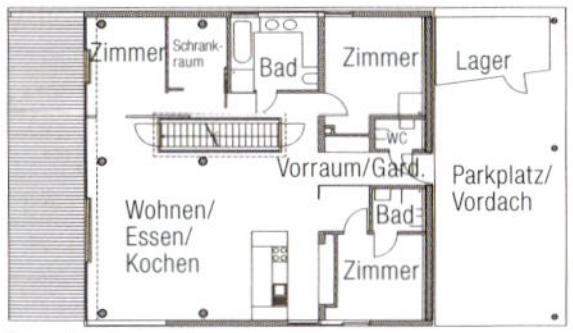

Grundriss Erdgeschoss

3

4

WIE AUS DEM FELS GESCHLAGEN

Was als Kulisse für einen Agentenfilm ebenso taugen würde wie für einen Lehrfilm über moderne Architektur, sorgt für Gesprächsstoff. Das Haus der Familie Gierstorfer tat das zunächst schon vor und während der Planung und der Bauarbeiten, noch mehr aber nach Fertigstellung. Das Urteil manches Zeitgenossen mag sich in der Zwischenzeit geändert haben, geblieben ist die außergewöhnliche äußere Erscheinung. Vier Geschosse hoch, scheint das vom Hausherrn selbst entworfene Einfamilienhaus direkt aus der Felswand gemeißelt zu sein, an die es sich lehnt (3). Eine steile, schnurgerade Außentreppe mit mehreren Podesten und abschließender Terrasse bildet den äußeren Erschließungsstrang (4). Gleich ihr nimmt die Staffelung der Teilbaukörper den Hangverlauf auf und lässt so auf den jeweils darunter situierten Bauteilen gleichzeitig großzügige Terrassenbereiche mit Donaublick entstehen. Die durch eine raffinierte Behandlung erzeugte Färbung des Stahlbetons passt das Haus perfekt an den Naturstein des Felsens an. Selbst die textilen Verschattungen wurden in einem ähnlichen Ton gewählt. Und nicht zuletzt passt in dieses Bild auch das geplant vor sich hin rostende Stahltor der Doppelgarage. Im Inneren zeigt sich das Haus gar nicht verschlossen, sondern – insbesondere auf der obersten Ebene – völlig offen in seinen Raumbezügen (1/2), die Zimmer sind nicht zuletzt durch die großen Glasflächen nach Süden ausgesprochen wohnlich. Ein grandioses Stück gebauter Skulptur, das zudem die Naturnähe als Potenzial perfekt ausnutzt.

WICHTIGE BAUDATEN

Bauaufgabe: Neubau für eine Familie mit Kindern
Standort: bei Regensburg
Bauzeitraum: 2004 (ca. 7 Monate)
Grundstücksfläche: 5.400 m²
Wohnfläche: 180 m²
Bauweise: Massivbauweise (Stahlbeton außen, tragendes Ziegelmauerwerk innen)
Jahresheizwärmebedarf: ca. 33 kWh/m²
Baukosten gesamt: ca. 198.500 Euro

3

4

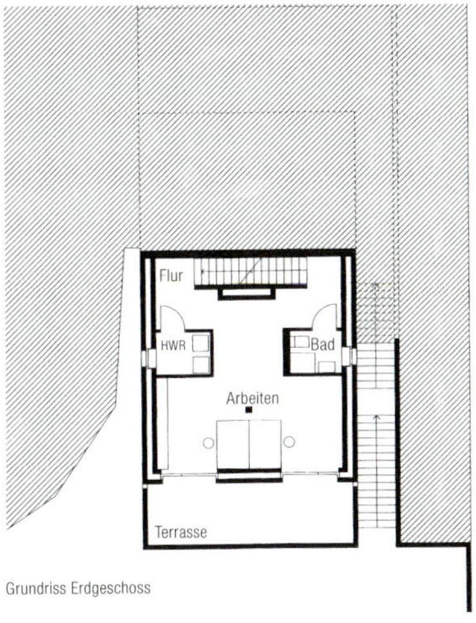

Grundriss Erdgeschoss

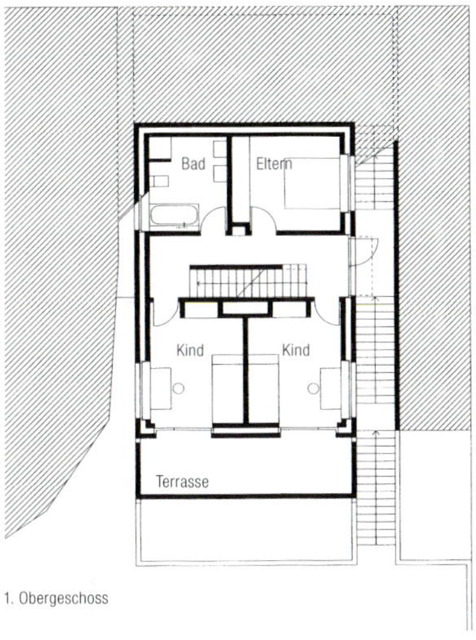

1. Obergeschoss

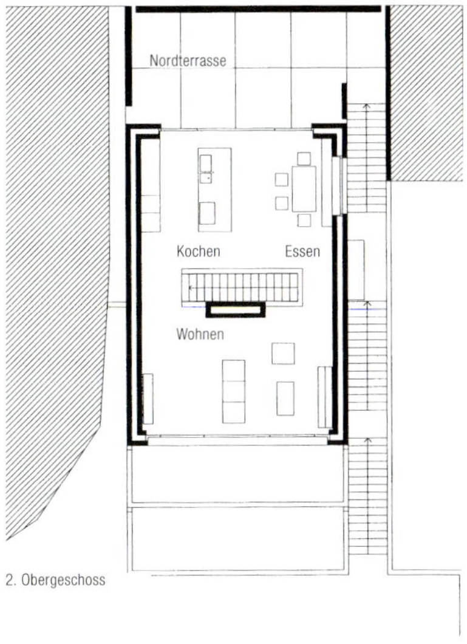

2. Obergeschoss

WOHNEN AM WALDRAND

Unweit des oberbayerischen Chiemsees situiert, weist das Haus der Familie Schwebius auch ein im Wortsinne naturnahes Grundstück auf. Direkt am Waldrand in unverbaubarer Lage entstand nach den Plänen der Münchner Architekten Volker Grabow und Wolfgang Klause ein Wohnhaus mit Bürotrakt, das eine besondere architektonische Eigenständigkeit aufweist. Ein langer, ostseits verlaufender Zugangssteg erschließt sowohl den Wohnteil als auch das Designbüro des Bauherrn, die unter einem gemeinsamen First vereinigt und in ihrer inneren Struktur ähnlich angelegt sind. Hinzu kommt eine west-östliche Untergliederung in einen nach Süden und Westen raumhoch verglasten Satteldach-Baukörper und einen »Betonkubus« mit Flachdach, der zum dunklen Wald hin orientiert ist und sich auf schmale Lichtbänder beschränkt (3). Materieller Ausdruck dieser Dichotomie sind westseits feine Parkettböden, ostseits rauer, schwarzer Schiefer. Das unmittelbar mit dem Garten verbundene Wohn- und Esszimmer mit der dem Betonkubus zugeordneten Küche ist der zentrale Kommunikationsbereich (1). Im Obergeschoss fangen das Elternschlafzimmer und das Kinderzimmer viel Helligkeit ein, während das Bad eher Rückzugscharakter besitzt (2). Holz, Glas und Beton treffen sich zusammen mit der dezidiert gesetzten Ausstattung zu einem Wohn- und Architekturkonzept, das sich nicht zur Schau stellt, sondern eine wohltuende Schlichtheit bewahrt. Hochwertiges Mobiliar und Kunst fügen sich wie selbstverständlich ein.

1

2

WICHTIGE BAUDATEN

Bauaufgabe: Neubau für eine Familie mit zwei Kindern
Standort: nahe dem Chiemsee/Oberbayern
Bauzeitraum: 2003 (8 Monate)
Grundstücksfläche: 880 m^2
Wohnnutzfläche: 158 m^2 (zuzüglich 99 m^2 Bürofläche)
Umbauter Raum (BRI): ca. 2.000 m^3
Bauweise: Massiv (Ziegel und Stahlbeton), Holzdachstuhl, Blechdeckung
Energiekonzept: Gas-Brennwertheizung
Jahresheizwärmebedarf: ca. 69 kWh/m^2
Baukosten gesamt: keine Angaben

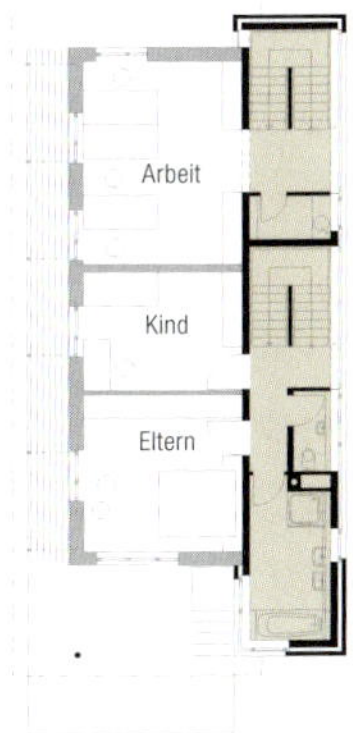

Obergeschoss

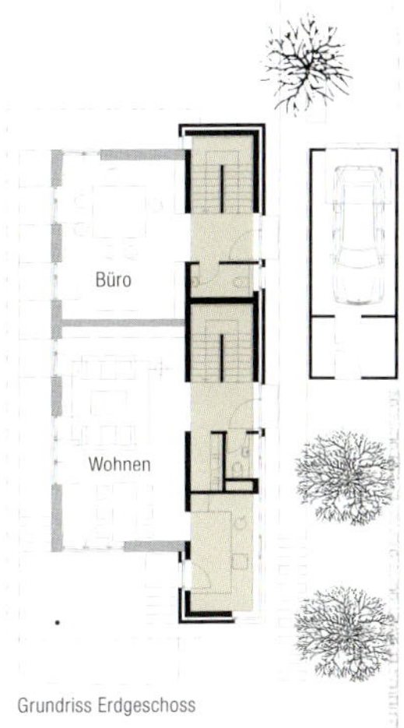

Grundriss Erdgeschoss

3

1

2

3

BRAD PITT'S ART TANK

Der Hollywood-Star Brad Pitt ist nicht nur für seine hohe Leinwand-Präsenz, sondern auch für seine Neigung zu Kunst und moderner Architektur bekannt. So nimmt es nicht wunder, dass er sich ein Studio gestalten ließ, das qualitätvolle Architektur mit der Möglichkeit zu kreativer Betätigung abseits des Filmgeschäfts verbindet. Das beauftragte Architekten-Dreigestirn von GRAFT® – Lars Krückeberg, Wolfram Putz und Thomas Willemeit – erhielt den Auftrag, ein aus den 1960er Jahren stammendes Wohnhaus bei Los Angeles mit neuem, ebenso spannendem wie funktionalem Inhalt zu füllen. Nachdem das Innere entkernt worden war, füllte man es mit einer gänzlich neuen Struktur: eingestellte Wandscheiben nehmen als »Service Walls« sämtliche für Wohnen und Arbeiten benötigten Ausstattungselemente wie Tische und Staueinheiten auf, die nach Art eines Schweizer Taschenmessers nach Bedarf aus- und eingeklappt werden können. Sind diese »Toolboxes« geschlossen, ergibt sich eine völlig schmucklose, rudimentäre Grundeinteilung in vier weiße Raumzellen. In geöffnetem Zustand hingegen konstituieren sie einen gänzlich neuen Raumzusammenhang und erstaunliche Einblicke (1/2). Walnuss- und Edelstahloberflächen kontrastieren in ihrem jeweils warmen oder kühlen Charakter. Durch das teilverglaste Dach einfallende Sonnenstrahlen zeichnen Lichtspuren auf die Innenraumflächen (2). Die Estrichböden und Zementputze erhielten jeweils eine Beimischung aus Travertinstaub, was das Gebäude ebenso wie der gleichsam als Spolie hierher verbrachte Kamin aus Travertin-Stein und die charakteristischen Art-déco-Leuchten mit dem traditionellen Nachbarhaus verbindet und Momente der Kunsthistorie unaufdringlich zitiert. Gleichzeitig wächst die Architektur auch mit der umgebenden Natur und dem auf tieferem Niveau situierten Pool zusammen. Innen und Außen werden durch die komplett zu öffnenden Glastüren in höchster Transparenz miteinander verknüpft (3/4). Ein großartiges und im besten Sinne komplettes Haus, das die Architektur als Element eines komplexen Lebens- und Kulturzusammenhangs interpretiert.

WICHTIGE BAUDATEN

Bauaufgabe: Neugestaltung eines Wohnhauses
Standort: Los Angeles/Kalifornien
Bauzeitraum: 2000–2003
Bauweise: Stahlbeton mit Glas, Dachkonstruktion in Massivholz

4

DAS WEISSE WUNDERHAUS

Unweit der britischen Metropole gelegen, entstand mit dem Wohnhaus von Graham Phillips ein Architekturereignis ersten Ranges. Der leitende Partner von Foster and Partners entwarf hier für sich und seine Familie ein Gebäude, das sich als weißer Villenbungalow mit unmittelbarer Naturanbindung darstellt (2/4). Das »Skywood House« scheint aus sich überlappenden und übereinander ausgreifenden weißen Linien und Bändern zusammengefügt zu sein und sich fast in der Fläche aufzulösen. Das unwirklich schöne Gebäude fügt sich so ohne übertriebenen Gestus in die natürliche Umgebung ein. Umso erstaunlicher, dass die das Gebäude rahmenden und umfließenden Gewässer im Rahmen der Baumaßnahmen sämtlich neu angelegt wurden. Die kunstvoll inszenierte Anfahrt durch ein Wäldchen gibt sich mehrfach verändernde Ausblicke auf das Gebäude frei, bis schließlich eine Brücke den letzten Graben zum ersten Innenhof überwindet (5). Schlicht aufgekiest, lässt dieser Außenraum die Architektur und den umgebenden Baum- und Rhododendrenbestand ganz für sich wirken. Hier nahezu geschlossen ausgeführt, öffnet sich das Haus lediglich durch den Eingang nach außen, wo sich drei Wandscheiben treffen. Zwei weitere zum See beziehungsweise zum Außenpool und jeweils auch zur Landschaft geöffnete Wohnhöfe kommunizieren dagegen direkt mit den hier hoch transparenten Innenräumen (3). Das flache Dach scheint sich fast von der Glasfassade zu lösen. Das ganze Leben spielt sich in wundervoller Weitläufigkeit auf einer Ebene ab, Treppen finden sich nirgendwo. Alles ordnet sich dem Prinzip größtmöglicher Klarheit und fließender Strukturen unter – Schalter, Heizkörper und andere gestalterisch störende Elemente sind konsequent dem Blick verborgen, Mobiliar ist sparsam eingesetzt und sorgsam platziert (1). Unterteilt in drei Einheiten mit den Funktionen Wohnen, Schlafen und Atelier, wirkt am Skywood House nichts kalt, sondern alles wundervoll eindeutig, klar und hell. Bei Abendstimmung strahlen weiße Wandflächen und transparent leuchtende Räume um die Wette (2).

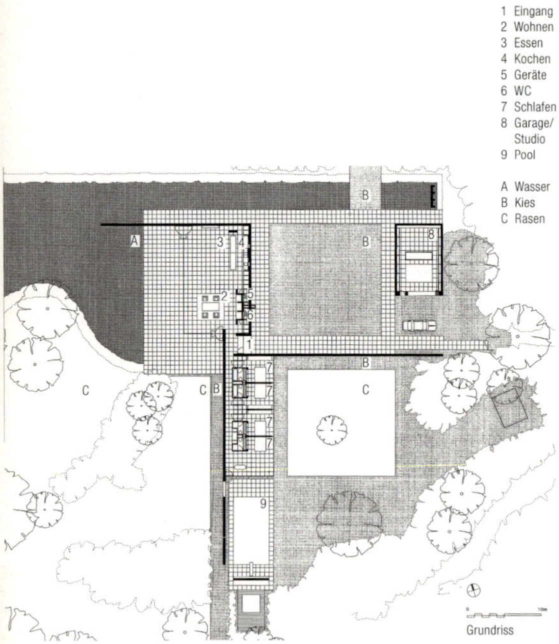

Grundriss

1

WICHTIGE BAUDATEN

Bauaufgabe: Neubau für eine Familie mit drei Kindern
Standort: bei London
Bauzeitraum: 1998-1999
Grundstücksfläche: ca. 20.000 m²
Wohnfläche: ca. 310 m²
Umbauter Raum (BRI): ca. 1.000 m³
Bauweise: Massiv (Stahlbeton mit außen liegendem Wärmedämmverbundsystem von Sto)
Baukosten: keine Angaben

2

3

4

5

DIE PERFEKTE MISCHUNG

Wenn Architekten ihr eigenes Haus planen sollen, fällt es oft sehr schwer, sich für einen eher zurückhaltenden Baustil zu entscheiden. Ralf Grotz brachte bei seinem eigenen Heim jedoch das Kunststück fertig, eine geradlinige Architektursprache mit traditionellen architektonischen Kennzeichen zu einem vollständig überzeugenden neuen Ganzen zu vereinen (3). Bestes Beispiel ist die sehr ruhige Fassadengestaltung mit den in dunklem Rot gehaltenen Schiebeläden aus Holz, die auf Vorbilder zurückgreift, aber dennoch ganz von heute ist (4). Das am Hang errichtete Gebäude für eine fünfköpfige Familie umfasst drei vollwertige Wohngeschosse, die durch eine giebelseitige lange Treppe erschlossen werden. Im Erdgeschoss befindet sich der Koch-/Essbereich und der etwas tiefer liegende Wohnbereich (2), der dadurch den besonders erwünschten Rückzugscharakter erhält. Ein gemauerter Ofen schafft zusätzlich eine warme Atmosphäre, eine Übereckverglasung gegen Südosten stellt den Bezug zum Garten her. Vom Wohn- und Essbereich wie von den hangseits vorgelagerten Terrassen bietet sich ein weiter Ausblick nach Westen. Das Obergeschoss ist das Reich der Kinder – inklusive eigenem Bad –, ganz oben befindet sich das der Eltern. Der große Raum unterm Dach erstreckt sich von Giebel zu Giebel und besitzt durch das Fehlen trennender Wände eine beeindruckende Wohnatmosphäre (1). Der Schlafbereich ist der Nordseite, der Arbeitsplatz der Südseite zugeordnet. Das Haus der Familie Grotz zeigt sich ebenso gestaltungssicher wie unprätentiös und gewinnt gerade dadurch eine besondere Qualität. Der Raumeindruck im Inneren könnte großzügiger nicht sein.

1

2

WICHTIGE BAUDATEN

Bauaufgabe: Neubau eines Einfamilienhauses
Standort: bei Erding
Bauzeitraum: 1997 (10 Monate)
Grundstücksfläche: ca. 490 m^2
Wohnnutzfläche: ca. 240 m^2 (zzgl. 60 m^2 Nutzfläche)
Umbauter Raum (BRI): ca. 1.200 m^3
Konstruktion: Ziegel-Massivbauweise, mit mineralischem Verputz und Anstrich
Energiekonzept: Gas-Brennwertheizung, Kaminofen
Jahresheizwärmebedarf: ca. 88 kWh/m^2
Baukosten gesamt: ca. 240.000 Euro

3

4

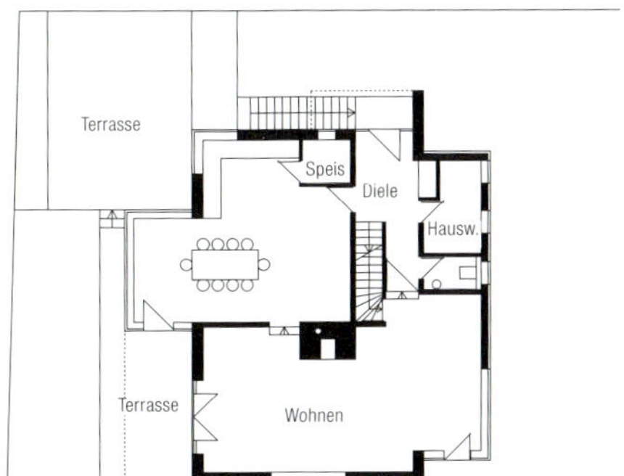

Grundriss Erdgeschoss

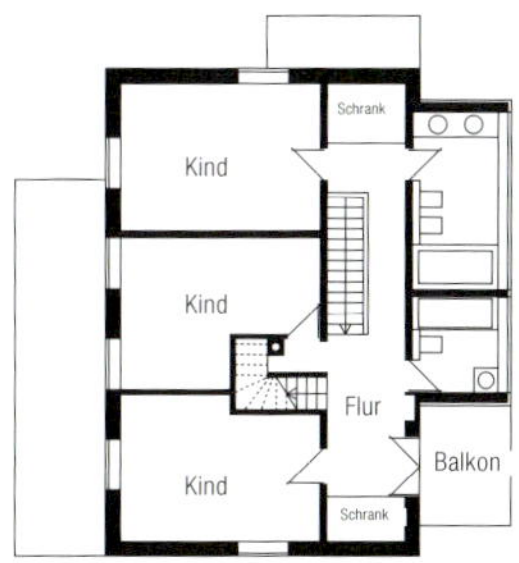

Obergeschoss

EIN HAUS AUS GLAS UND KUNST

Die Assoziationen zu den Werken und Bauten des großen Malers und Architekten Piet Mondrians kommen bei diesem großzügigen Einfamilienhaus nicht von ungefähr: Hier wurde die weitgehend transparente Südseite mit farbigem Glas in den Tönen Rot, Blau und Gelb rhythmisiert (4). Der kreative Hintergrund der Bauherren, die von Beruf Künstler und Kunsterzieher sind, ist im Äußeren wie auch im Inneren in jedem Detail unmittelbar zu spüren. Der großzügige, an die freie Landschaft angrenzende Garten bildet den perfekten Rahmen für das Architekturkonzept, das die Sphären des Hausinneren und des Außenraums auflöst. Dieser Eindruck entsteht nicht nur durch den hohen Glasanteil der Fassaden, sondern auch durch die unmittelbare Verbindung von Wohngeschoss und Garten (3). Auch im Inneren passt sich die Architektur an die Umgebung an: Das nach Südwesten abfallende Gelände hat die logische planerische Konsequenz einer Split-Level-Bauweise. Das heißt, der westliche Erdgeschossbereich bildet eine gegenüber der übrigen Ebene mit Küche und Essplatz eingetiefte »Wohnkuhle« (2). Eine offene Treppe führt zum nördlichen Zwischengeschoss mit dem Eingangsbereich und den Werkstatträumen sowie weiter zum Obergeschoss, wo sich Schlafzimmer, Büro und das Bad befinden (1). Innerer Erschließungsbereich und Obergeschoss werden durch eine Dachverglasung mit weichem Licht erhellt, auf das die Bauherren als Künstler besonderen Wert legten und das die mit Umsicht platzierten künstlerischen Arbeiten perfekt in Szene setzt. Auch die Tatsache, dass nordseits Reste eines Vorgängerbaus integriert wurden, ist dem Haus in keiner Weise anzumerken. Das von Michael Hamm entworfene Heim von Anne Linder und Volker Sonntag präsentiert sich als wirkliches Traumhaus, das nicht zuletzt von der gelungenen Mischung aus Architektur und Kunst profitiert. Architektonische Zitate werden sehr gekonnt aufgegriffen und in die höchst eigenständige Formensprache einbezogen.

1

2

WICHTIGE BAUDATEN

Standort: Neubau auf Bestandsresten für ein Ehepaar
Standort: Ehingen/Donau (Baden-Württemberg)
Bauzeitraum: 2003–2004
Grundstücksfläche: ca. 800 m²
Wohnnutzfläche: 206 m²
Umbauter Raum (BRI): ca. 1.550 m³
Konstruktion: Mischbauweise (Nordseite Ziegelmauerwerk, Südseite Holzständerkonstruktion mit Wärmedämmverbundsystem 100 mm)
Energiekonzept: Holzpelletkessel;
Brauchwasserwärmung durch Solarkollektoren
Jahresheizwärmebedarf: ca. 115 kWh/m²
Baukosten gesamt: ca. 220.000 Euro

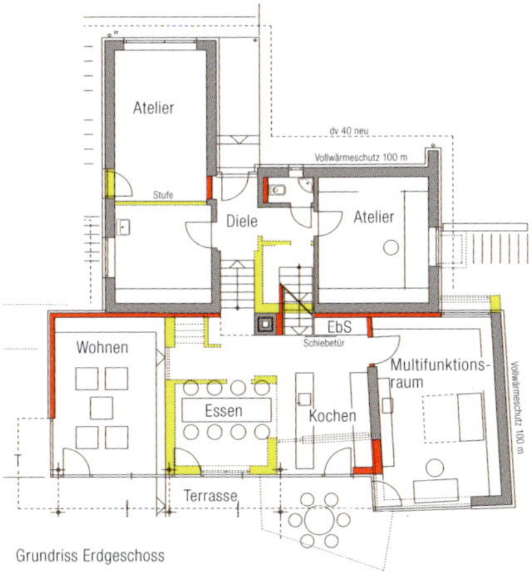

Grundriss Erdgeschoss

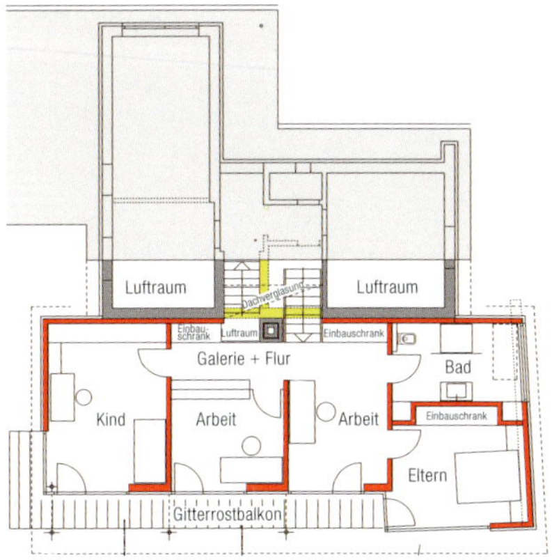

Obergeschoss

BETONIERTE TRANSPARENZ AM ZÜRICHSEE

Das villenartige Einfamilienhaus der Familie Frick dient zwei Erwachsenen und drei Kindern als Wohndomizil und strahlt doch eine ungemein großzügige Atmosphäre aus. Nach der Planung von Kurt Hauenstein in Beton errichtet und strukturiert, wendet es sich mit großen Glasflächen zum südlich gelegenen Zürichsee und zur sich westlich erstreckenden freien Wiesenlandschaft (1). Die umgebenden Wohnhäuser bleiben dagegen weitgehend ausgeblendet, nord- und ostseits beschränkte man sich auf die notwendigsten Fassadenöffnungen. Die Hanglage ermöglichte es, drei vollwertige Wohngeschosse zu schaffen. Das ebenerdig erreichbare Eingangs- und Wohngeschoss (2) bildet im Kontext der räumlichen Struktur den Dreh- und Angelpunkt zwischen der Ebene der Kinder unten und der der Eltern ganz oben, die ihrerseits um eine gemeinsame Aussichtsterrasse erweitert ist (3). Neben dem Elternschlafzimmer befindet sich hier auch ein großes Arbeitszimmer mit Traumblick. Im Erdgeschoss ist ein als Raumskulptur wirkender Kaminofen Blickfang und winterliche Wärmequelle zugleich. Sitzecke, Küche und Essplatz für alle Tage sind allesamt direkt der südlichen Fensterfront zugeordnet und profitieren so optimal von der Weite und Aussicht. Eine Familien-Villa, die die raue Eindeutigkeit ihres Sichtbetongefüges mit einer enormen Durchgängigkeit von Innen- und Außenraum verbindet.

1

2

WICHTIGE BAUDATEN

Bauaufgabe: Neubau für eine Familie mit drei Kindern
Standort: am Zürichsee/Kanton Zürich
Bauzeitraum: 1998–1999 (14 Monate)
Grundstücksfläche: 800 m²
Wohnfläche: 300 m²
Umbauter Raum (BRI): 1.750 m³
Bauweise: Massiv (Stahlbeton)
Energiekonzept: Wärmepumpe
Baukosten: keine Angaben

3

Grundriss Uuntergeschoss

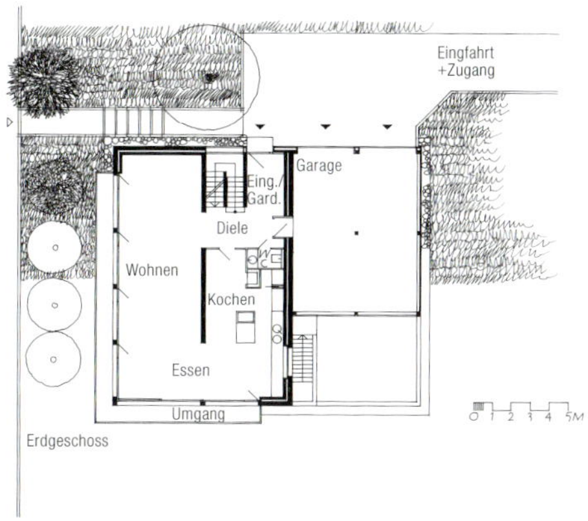

Erdgeschoss

1

2

NEUE WOHNARCHITEKTUR AUF DEM WEINGUT

Als zweiter Bauabschnitt nach einer im Jahr 2000 errichteten Remise geplant, entstand in den Jahren 2004 bis 2005 das Wohnhaus der Winzerfamilie Davaz, das den Hofbereich des Gutes östlich abschließt. Ebenso wie beim westlichen Wirtschaftsbau war die Einfachheit der Gestaltung auch hier das zentrale Element der Planung, die vom ortsansässigen Architekten Kurt Hauenstein stammt. Gepaart mit hoher Funktionalität, lassen die bewusst einfach organisierten Raumstrukturen den Bewohnern – im Augenblick drei Generationen – weit reichende Möglichkeiten zur Gestaltung und zur Anpassung an die sich verändernden Bedürfnisse. Vom gegenüber dem Wirtschaftshof bereits deutlich angehobenen Untergeschoss mit den südorientierten Kinderzimmern führt ein archaisch einfaches, Raum erschließendes wie Raum gestaltendes Treppenhaus (1) bis hoch zum Dachgeschoss, wo sich der Wohntrakt der Großeltern befindet. Dazwischen liegt das ausgesprochen großzügige Erdgeschoss mit dem zusammenhängenden Wohn-, Ess- und Kochbereich (4), von dem südlich das Kaminzimmer (2) und das große Schlaf- und Badezimmer (3) abzweigen. In der Bauweise lehnt sich das Gebäude an die Bündner Steinbauten an, mit seinem hell erdigen Anstrich nimmt es Bezug auf die Weinbauerntradition (5). Die berufliche Tätigkeit in Gestalt der »Barriques« zitieren übrigens auch die aus Eiche sondergefertigten Möbel im Wohnbereich. Nach Norden erschließt sich dieser Bezug visuell durch große Glasfronten, die den Ausblick vom Wohnbereich zu den eigenen, sanft nach Nordwesten ansteigenden Weinbergen freigeben. Eine große Terrasse bildet den harmonischen Übergang. Im Äußeren eindrucksvoll monolithisch und spannungsvoll, präsentiert sich das Haus im Inneren als wohltuend großzügiger Freiraum und »Befreiungsraum« von der täglichen Arbeit.

WICHTIGE BAUDATEN

Bauaufgabe: Neubau für eine Familie mit 6 Kindern und Großeltern
Standort: bei Fläsch/Graubünden
Bauzeitraum: 2004–2005
Grundstücksfläche (unmittelbarer Umgriff des Wohnhauses): ca. 500 m^2
Wohnnutzfläche: 390 m^2
Umbauter Raum (BRI): ca. 2.000 m^3
Bauweise: Massiv aus Einsteinmauerwerk und Beton, Holzdachstuhl
Energiekonzept: Ankoppelung an vorhandenes Heizsystem der Kellerei
Baukosten Wohnhaus gesamt: keine Angaben

3

4

5

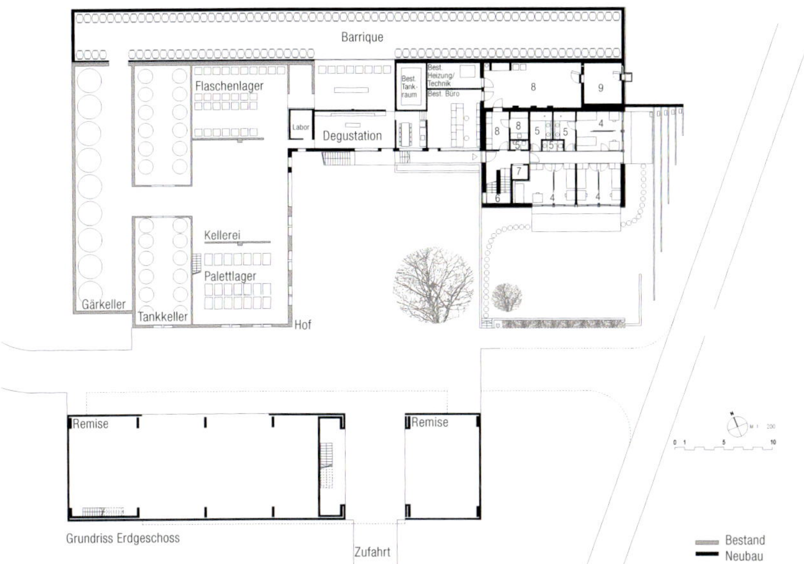

Grundriss Erdgeschoss

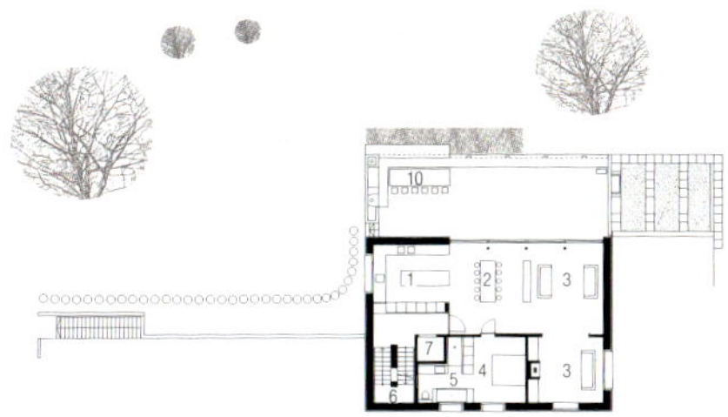
Obergeschoss

1 Kochen
2 Essen
3 Wohnen
4 Zimmer
5 Bad/WC
6 Treppe
7 Lift
8 Keller/Waschen
9 Schutzraum
10 Freisitz

Bestand
Neubau

GERADLINIG, BESCHEIDEN, GROSSZÜGIG

Auf einem eingewachsenen Grundstück in bester Lage Erlangens sollte ein neues Einfamilienhaus entstehen, das sich in die gewachsenen Obstwiesen einfügen und vor allen Dingen nicht protzig in den Vordergrund rücken sollte. In Nachbarschaft zu einer alten Villa vom Beginn des 20. Jahrhunderts wollten die Bauherrschaft und ihr Architekt, Mathias Hennig, ein gestalterisch ebenbürtiges, aber vom Konzept bewusst einfach angelegtes Wohnhaus für eine Familie mit zwei Kindern errichten (1). Bescheiden am Rand des großen, naturnahen Gartens platziert, wird das Wohnerlebnis sehr stark vom Ausblick und den Blickbeziehungen zum grünen Außenraum geprägt. Das Satteldach erinnert in seiner Gestaltung und Neigung ebenso an mittelitalienische Häuser wie der in Art einer begrünten Rampe ausgebildete Eingangsbereich, der formal außen liegende Treppen toskanischer Bauernhäuser zitiert. Anstelle von Backstein oder Natursteinmauerwerk bildet hier eine Verschalung aus Holz die Außensicht. Die insgesamt sehr geschlossene Kubatur weist eingangseitig einen überdachten Balkon auf, der dem Elternschlafzimmer zugeordnet ist. Das übrige Obergeschoss bietet Platz für zwei nach Süden orientierte Kinderzimmer, Bad und zwei Büros (3). Im Erdgeschoss führt der Weg vom Eingangswindfang über den Erschließungsbereich (4) in den Wohn-, Ess- und Kochbereich, der vom Flur durch eine gläserne Schiebetüre abgetrennt werden kann. Neben reichlich Platz zum Spielen ist hier vor allem eine wunderbar transparente Verbindung nach draußen gegeben (2). Insgesamt ein Traumhaus von wohl verstandener Einfachheit.

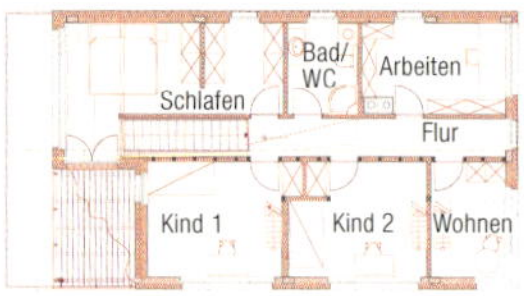

Obergeschoss

WICHTIGE BAUDATEN

Bauaufgabe: Neubau für eine Familie mit Kindern
Standort: Erlangen/Bayern
Bauzeitraum: 2005–2006 (8 Monate)
Grundstücksfläche: 3.000 m²
Wohnnutzfläche: 180 m²
Umbauter Raum (BRI): 1.100 m³
Bauweise: Holz-Leichtbauweise und massiv
Baukosten gesamt: keine Angaben

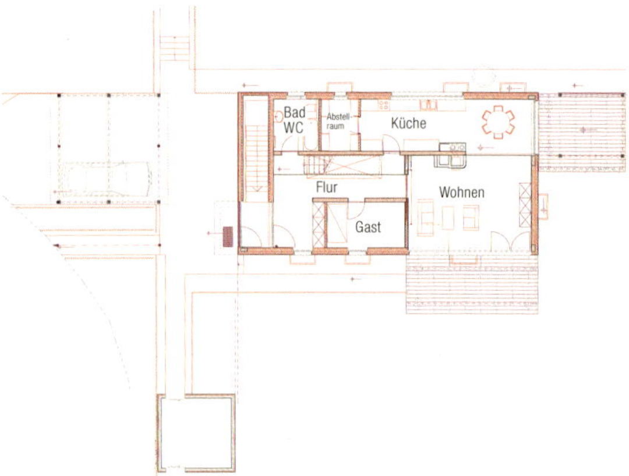

Grundriss Erdgeschoss

1

3

2

4

DAS DRAUFGESETZTE RAUMKUNSTSTÜCK

Orte mit besonderer Atmosphäre brauchen als Pendant eine qualitativ gleichrangige Architektur – so gedacht und geschehen im niederösterreichischen Waidhofen. Hertl.Architekten entwarfen an einem alten Standort hoch über dem Fluss Ybbs eine Lösung, die sich von traditionellen Formvorstellungen befreit und dennoch bestens mit dem Umfeld harmoniert. An der Stelle eines alten Dachstuhls entstand ein über den Bestand gewinkeltes, zum Wasser hin ausgreifendes Gebilde aus zueinander und gegeneinander abknickenden und miteinander verwobenen Teilkörpern, die sich sowohl in sich als auch mit dem Altbestand zu einem neuen Ganzen fügen (3). Alt und Neu geben sich unter anderem durch Gestalt, Materialität und Farbigkeit der Fassaden deutlich zu erkennen. Attikahöhen, Dachdeckung und Sockelgestaltung sind so gehalten, dass sie sich in die vorgegebenen baulichen Parameter einfügen. Der Wert dieser Aufstockungslösung erschließt sich insbesondere im Zusammenhang mit dem Umfeld: War der Fluss dem Blick vom Haus bisher weitgehend entzogen, so öffnet sich der Neubau bewusst der Ybbs. Gleichzeitig kehrt er sich von der allzu engen Verbindung mit dem Nachbarhaus ab und schafft so größere Frei- und Privaträume. Nach Nordwesten öffnen sich die Räume zur Dachterrasse, die direkt dem Essplatz benachbart ist (2). Im Inneren sind die Oberflächen – Estrich, Sichtbeton und zementgebundene Spanplatten – in rauer Eindeutigkeit gehalten, um so eine extrem zurückhaltende Hülle für die Wohnlandschaft zu schaffen. Dagegen zeigen sich die dem Bestand zugehörigen Fassadenöffnungen im Rückzugsraum mit »Ruhenische« unregelmäßig geformt und trichterartig nach innen gestülpt (1), während sie in der Außensicht streng rechteckig und außenwandbündig ausgeführt wurden. Diese ist geprägt von verschiedenartigen Raumerlebnissen – von auf Eingangsniveau situierten Kinderzimmern und Bad bis hinauf zum großen »Wohnkorridor« mit der angeschlossenen Aussichtsterrasse. Architektur mit großer Kraft.

1

2

WICHTIGE BAUDATEN

Bauaufgabe: Neubau für eine Familie mit Kindern
Standort: Waidhofen a.d.Ybbs/Niederösterreich
Bauzeitraum: 2005–2006 (7 Monate)
Grundstücksfläche: 281 m^2
Wohnnutzfläche gesamt: 199 m^2
Umbauter Raum Neubau (BRI): 277,65 m^3
Bauweise: Aufstockung in Holzbauweise auf einen Altbestand in massivem Ziegelmauerwerk
Energiekonzept: Anschluss an das öffentliche Fernwärmenetz
Jahresheizwärmebedarf: ca. 46 kWh/m^2
Baukosten gesamt: ca. 230.000 Euro

3

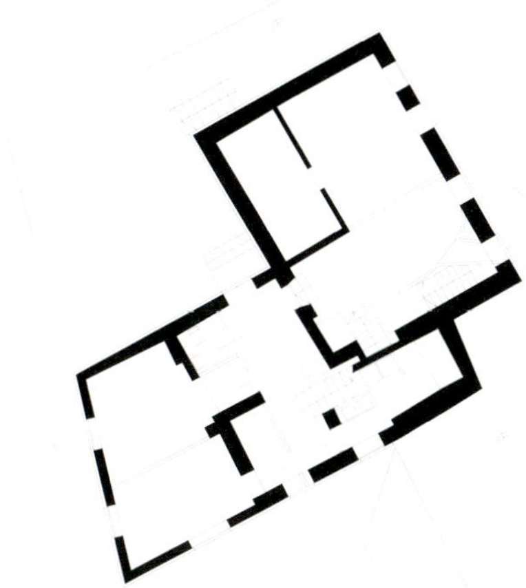

Grundriss Erdgeschoss

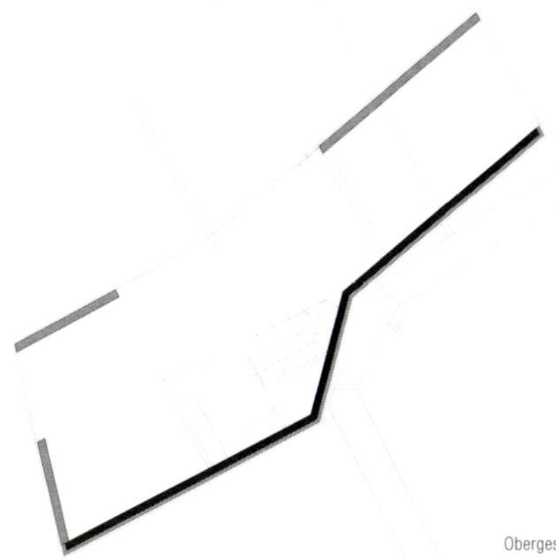

Obergeschoss

SYMPHONIE IN GLAS UND WEISS

Die Architektur spielt beim Haus der Familie Ohnesorg virtuos auf der Klaviatur des modernen Formenkanons. Es entstand ein vollkommen eindeutiges Stück Wohnarchitektur, dessen Außenwandflächen sich ungeachtet ihrer vielgestaltigen Strukturen visuell zu einem geschlossenen Körper vereinen. Die Südseite erscheint als gebäudehohe Glasfläche, die von stehenden Fensterformaten mit naturfarbenen Rahmen akzentuiert und auf drei Seiten von einem weißen Mauerwerksrahmen eingefasst wird. Eine mit Lärchenholz belegte Sonnenterrasse erdet das Kunstwerk aus Glas und Weiß (2). Bei schlechter Witterung weicht man auf den im Eingangsgeschoss untergebrachten, über eine Dachverglasung belichteten Wintergarten aus, der der Entspannung nach dem Saunen dient. Von dort führt eine gedoppelte gerade Treppe zum Wohngeschoss und weiter zum Schlafgeschoss. Glasflächen in unterschiedlichsten Formaten dienen als wichtigstes Gestaltungselement im Äußeren wie auch im Inneren, wobei das sich über drei Geschosse erstreckende senkrechte Glasband über dem Eingang als besonders markanter Blickfang wirkt. Auf der mittleren Wohnebene findet das tägliche Leben in der Hauptsache statt. Der Raumzusammenhang wird nicht unterbrochen, sondern nur durch wenige Stützen und den Treppenausschnitt spannungsvoll strukturiert (1). Ein Kunst-Stück ohne Firlefanz bei hoher Detailqualität und ebenso hohem Wohnkomfort.

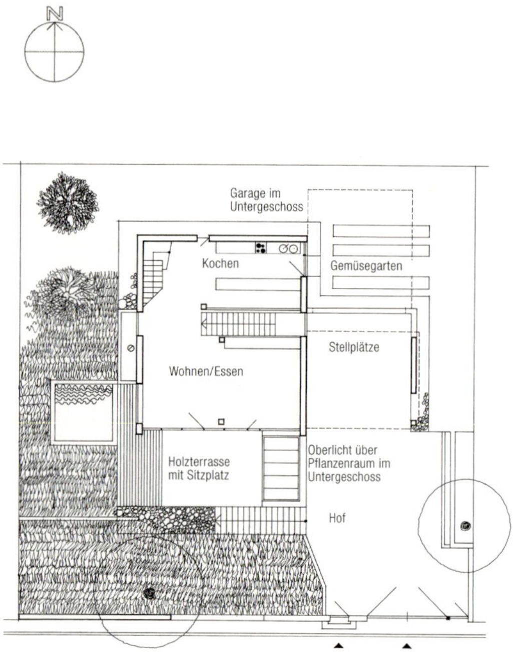

Grundriss

1

WICHTIGE BAUDATEN

Bauaufgabe: Neubau für ein Ehepaar
Standort: bei Augsburg
Bauzeitraum: 2000–2001
Grundstücksfläche: ca. 600 m²
Wohnfläche: 207 m²
Bauweise: Massiv (Ziegelmauerwerk mit Wärmedämmverbundsystem, Stahlbetonkonstruktion)
Baukosten gesamt: ca. 414.000 Euro

2

Erdgeschoss

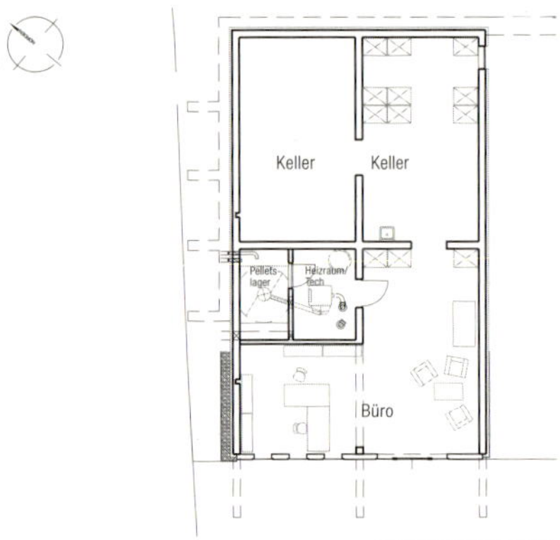

Grundriss Kellergeschoss

WOHNEN AUF EINER EBENE

Mitten in einer ausgesprochen grünen Siedlungslandschaft am Stadtrand von Graz entstand das Haus eines Architekten, der hier auf elterlichem Grund für seine eigene Familie plante. Bestimmende Parameter der Planung waren der sparsame Umgang mit Ressourcen und Baugrund, eine möglichst unauffällige und wenig störende Architektur und das Spiel mit Offenheit und Geschlossenheit. In Hanglage mit Fernblick errichtet, kleidet sich das Gebäude im Süden und Westen gläsern transparent (2), im Norden und Osten dagegen steinern undurchdringlich. Auf diesen eher »kalten« Seiten des Hauses, die zur Zufahrtsstraße orientiert sind, umgürtet eine Vorsatzschale aus Naturstein die Holzelement-Fassade und verleiht dem Gebäude ein schon fast trutziges Aussehen. Eine der Traufseite angehängte »Zugangsbrücke« aus Stahlgitterelementen führt zum Hauseingang. Nach Durchquerung des gläsernen Windfangs gelangt man zu einem Gang, der sich als Teil eines Raumkontinuums versteht. Vom südwestlichen Essplatz weitet sich der Raum durch eine schräg nach außen laufende Innenwand zum Essbereich und Gang hin auf, wodurch der zentrale Lebensbereich in der Fläche wie auch im Eindruck deutlich vergrößert und den Grundrissstrukturen ihre Strenge genommen wird (3/4). Das Wohnen findet auf einer Ebene statt, eine südlich und westlich angedockte, unter das Hausdach eingezogene Balkon-Terrasse erweitert den Wohnbereich noch nach draußen (1). Einerseits ein Schutz gegen Überhitzung im Sommer, ermöglicht der Dachüberstand andererseits im Winter die volle Ausnutzung der dann tief stehenden, wärmenden Sonne, was durch die Drehung des Grundrisses zur Sonne noch besser funktioniert. Ein wunderschönes, bungalowartiges Familienhaus mit höchstem Wohnwert zu insgesamt geringem Preis.

WICHTIGE BAUDATEN

Bauaufgabe: Neubau für eine Familie mit Kindern
Standort: bei Graz/Steiermark
Bauzeitraum: 2004 (5 Monate)
Grundstücksfläche: 1.003 m²
Wohnnutzfläche: 125 m² (EG) zuzüglich 141 m² im unausgebauten Kellergeschoss und 65 m² Terrasse/Balkon
Umbauter Raum (BRI): 829 m³ (Erdgeschoss und Kellergeschoss)
Bauweise: Mischbauweise (Erdgeschoss in Holzelementbauweise, nordseits mit Vorsatzschale aus Naturstein, erdberührte Außenwände Stahlbeton)
Energiekonzept: Pelletskesssel als Zentralheizung, Wärmeabgabe über Fußbodenheizung; Kachelofen zur Spitzenabdeckung; Solarkollektoren zur Warmwasserbereitung
Jahresheizwärmebedarf: ca. 32 kWh/m²
Baukosten gesamt: ca. 225.000 Euro (ohne Umsatzsteuer)

2

3

4

ARCHITEKTUR IM TAKT DER MUSIK

Der renommierte Musiker Peter Sigrist und seine Architekten, Eugen und Monika Imhof, entwarfen miteinander Prinzipien zur Umsetzung von Musik in Architektur. Ziel war es – inspiriert von Vorgaben des großen Le Corbusier –, das tägliche Schaffen des Bauherrn in einem ganzheitlichen Ansatz auf die gebaute Umwelt zu übertragen und damit vollkommen harmonische Raumsituationen zu schaffen. Mathematische Basis des Konzepts ist das so genannte pythagoräische Lambdoma, eine Zahlenmatrix, die zur Umrechnung von musikalischen Intervallen in architektonische Proportionen dient. Außen- und Innenmaße und Fassadeneinteilung der Gebäude sind einschließlich des zugehörigen Hofraums in ihren Proportionen in ganzzahlige Verhältnisse eingeteilt, die denen musikalischer Harmonien entsprechen – so beispielsweise das Wohngebäude mit einer Grundfläche von 9 x 9 Metern, entsprechend einer Oktave. Die wohl schwierigste Aufgabe war die Proportionierung der Fassade im Mittelgeschoss des Atelierhauses (3), deren Holzlamellen in genau berechneten Abständen und Breiten gehalten sind. Peter Sigrist entwickelte sogar ein System, um den Tönen spezifische Farben zuweisen zu können. Dieses Farbenmuster bildet sich durch die Fenster unmittelbar nach innen im Musikatelier ab und wird so zum Teil der täglichen Schaffenswelt (1). Wird diese verlassen und die Türe abgeschlossen, erreicht man über einige Stufen das getrennt errichtete Wohngebäude, das mit dem Atelierhaus durch ein gemeinsames Vordach und den Hofbereich verknüpft ist (4). Die bewusst ungestaltete, umgebende Blumenwiese und das westseitige, eingetiefte Kiesbett mit integrierten Wandnischen sind höchst wirkungsvolle kontemplative Elemente, die die beiden gestaffelten Baukörper perfekt zur Wirkung kommen lassen. Gemeinsames Gliederungselement im Inneren des Wohnhauses ist der mit raffinierten Abstell- und Durchblicksmöglichkeiten versehene Treppenblock, der unten Wohnen und Essen/Kochen trennt (2). Auch hier sind alle Proportionen und Raumstrukturen durchdacht und harmonisch – ein geniales Zusammenspiel von Architekten und Bauherrschaft.

1

2

WICHTIGE BAUDATEN

Bauaufgabe: Neubau für ein Ehepaar mit Musikatelier und Ferienwohnung
Standort: am Sarner See/Kanton Obwalden
Bauzeitraum: 2004–2005 (ca. 10 Monate)
Grundstücksfläche: 835 m^2
Wohn- und Nutzfläche: 155 m^2 im Wohnhaus, 142 m^2 im Atelierhaus mit Einliegerwohnung
Umbauter Raum (BRI): 482 m^3 im Wohnhaus, 505 m^3 im Atelierhaus
Bauweise: Mischbauweise (Stahlbeton und Holztafelbauweise)
Energiekonzept: Holzpelletheizung
Baukosten gesamt (Wohnhaus und Atelierhaus): ca. 870.000 sFr

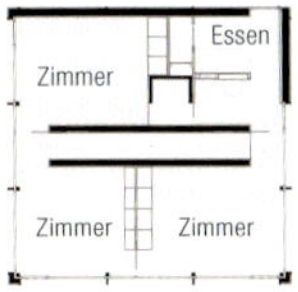

Obergeschoss

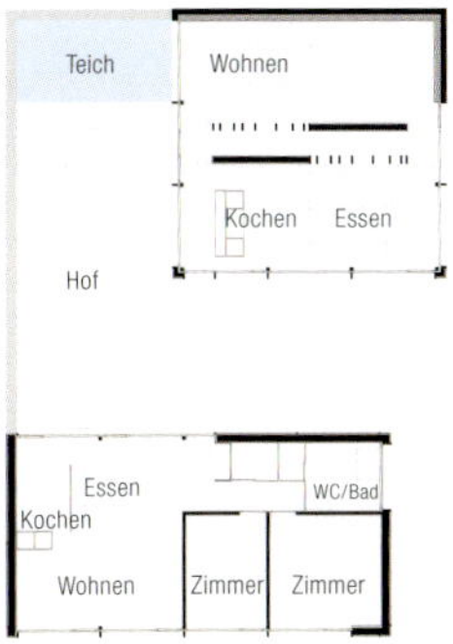

Grundriss Erdgeschoss

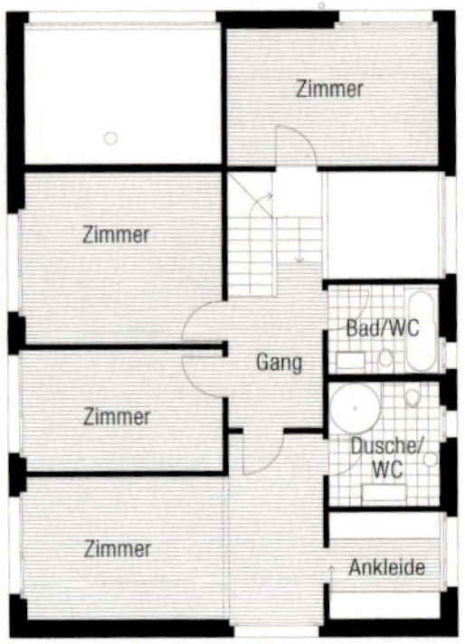

Obergeschoss

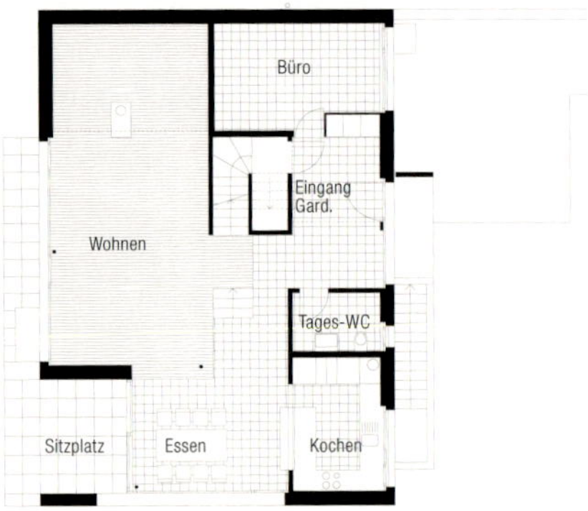

Grundriss Erdgeschoss

ARCHITEKTUR MIT DER LANDSCHAFT

In einer der schönsten Lagen der Schweiz, über dem Vierwaldstätter See, schufen Imhof Architekten eine moderne Villa ohne Protz und Pomp, mit sicherem Gespür für die Erfordernisse des Ortes. Der Neubau und der unterhalb gelegene Walmdachhof ergänzen sich durch die Wiederaufnahme der roten Ziegeldeckung, in der Fassadengestaltung und vor allem in ihrem bewussten Bezug zur Landschaft (2). Beide ducken sich in ihre jeweils eigene »Geländewelle«. Sie drängen sich ihrer Umgebung nicht auf, sondern fügen sich bescheiden ein. Kubatur, Dachform und Split-Level-Bauweise des Neubaus reagieren auf die Feinheiten der Morphologie. Im großen Wohnraum des Erdgeschosses konstituiert das Spiel mit unterschiedlichen Niveaus spannende Raumwirkungen (3). Entsprechend dem Hangverlauf ist der südliche, dem See zugewandte Essbereich etwa 50 Zentimeter tiefer angelegt als der übrige Raum (1). Geometrien, Lineaturen, Raumkanten und Durchblicke werden überall mit größter Fantasie eingesetzt – vielleicht am schönsten im Schnittbereich von Zwischen- und Obergeschoss zu sehen. Während auf der östlichen Eingangsseite ein virtuoses Spiel mit unterschiedlichen, kleinteiligen Fassadenausschnitten auffällt, holen die Panoramascheiben auf den sonnenzugewandten Seiten viel Wärme ins Haus und öffnen die Räume – an einem Ort wie diesem unabdingbar – zur Landschaft. Bewusst ungestaltete Wiesenflächen und Obstbaumbestände umgürten die Architektur, Berge und See sind immer im Blick.

WICHTIGE BAUDATEN

Bauaufgabe: Neubau für eine Familie
Standort: am Vierwaldstätter See
Bauzeitraum: 2003 (10 Monate)
Grundstücksfläche: ca. 1.200 m^2
Wohnfläche: 251 m^2
Umbauter Raum (BRI): 915 m^3
Bauweise: Massiv (zweischaliges Ziegelmauerwerk, Stahlbetondecken)
Energiekonzept: Wärmepumpe mit Erdsonde, kontrollierte Wohnraumlüftung mit Wärmerückgewinnung
Jahresheizwärmebedarf: ca.60 kWh/m^2
Baukosten gesamt: ca. 694.000 sFr

2

3

EIN FAMILIENHAUS MIT BOOTSPARKPLATZ

Aufsehen erregend, hoch funktional und energieeffizient – ein Dreiklang, der nicht immer so perfekt gelingt wie bei diesem Haus von Imhof Architekten. Für die Familie Bucher von Wyl planten sie ein Gebäude mit höchstem Komfort – bis hin zum eigenen Liegeplatz für das Segelboot (3). Im Verhältnis Innen-Außen zeigt sich das Haus mit dem geschwungenen Anbau und Vordach dezent reserviert gegenüber der Zufahrtsstraße, aber sehr kontaktfreudig gegen den Sarner See. Große Glasflächen öffnen den Wohn-, Ess- und Kochbereich im Erdgeschoss ebenso wie das »Kinder-Reich« auf der oberen Etage zum Wasser (1/2). Diese Blickbeziehungen sind das vielleicht großartigste Moment in einem insgesamt höchst außergewöhnlichen Architekturkonzept. Den Bezug zum See zitiert auch die Grundkonstruktion mit dem gleich der Brücke eines Schiffes herausragenden Sanitärturm, der alle Sanitärräume und die gesamte Haustechnik aufnimmt, sowie das für die Fassadenverkleidung gewählte Farbkonzept – blaue Faserzementplatten und Red-Cedar-Holz. Ostseits bilden drei durch große Fensterrahmen akzentuierte, den Schlafräumen und Kinderzimmern des Obergeschosses zugeordnete Fassadenausschnitte die Landschaft wie durch Bilderrahmen ab. Bei schönem Wetter versammelt sich die Familie auf der unter das Obergeschoss eingezogenen, geschützten Terrasse oder unternimmt gemeinsame Segelausflüge vom eigenen Grundstück.

1

2

WICHTIGE BAUDATEN

Bauaufgabe: Neubau für eine Familie mit Kindern
Standort: Sarnen/Kanton Obwalden
Bauzeitraum: 2002 (6 Monate)
Grundstücksfläche: 705 m^2
Wohnfläche: 259 m^2
Umbauter Raum (BRI): ca. 785 m^3
Bauweise: Holz-Leichtbau
Energiekonzept: Kontrollierte Be- und Entlüftung mit Wärmerückgewinnung, Erdwärmepumpe, Solarkollektoren für die Warmwasserbereitung, passive Solarnutzung, hoher Dämmstandard (Zelluloseflocken)
Jahresheizwärmebedarf: ca. 31,3 kWh/m^2
Baukosten gesamt: ca. 920.000 sFr

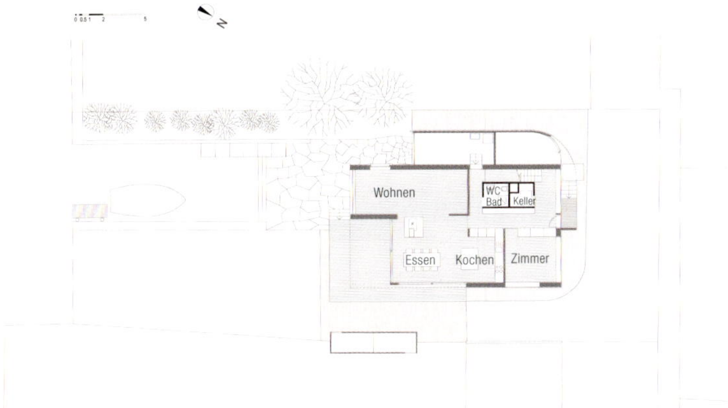

Grundriss Erdgeschoss

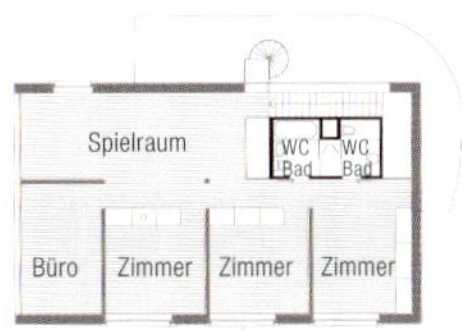

Obergeschoss

DAS BESTE AUS TRADITION UND MODERNE

Vorstellungen von guter bodenständiger und guter moderner Architektur sind ebenso vielfältig wie in vielen Fällen auch unbestimmt. Das Architekturbüro Ivano Iseppi und Stefan Kurath brachten bei ihrem Neubau für eine in Chur ansässige Familie beides auf den größten gemeinsamen Nenner. Das Ferienhaus am Heinzenberg befindet sich unweit eines kleinen Skigebiets auf einer Höhe von über 1.000 Metern und bietet einen weiten Blick über das Domleschg (2). Ein rau betonierter Unterstand in Sichtbeton (3) weist den Ankommenden schon darauf hin, dass hier kein Allerwelts-Zweitwohnsitz, sondern die eindeutig zeitgemäße Version des Dorfhauses entstanden ist. Etwas vom Ortskern abgesetzt mit allseitig freiem Landschaftsbezug ist das Haus nach historischem Vorbild als kompakter Körper auf nahezu quadratischer Grundfläche mit hangseits drei, bergseits zwei Geschossen und knappem Dachüberstand errichtet. Der überdachte Sitzplatz am südwestlichen Hauseck verlängert den Wohnbereich ins Freie und gewährt doch Schutz vor Wind und Niederschlag. Die außenwandbündig hineingeschnittene Verglasung sorgt für eine gute Belichtung und erlaubt den unmittelbaren Blickkontakt zur Straße. Die Fassadengestalt zitiert mit den herausgehobenen Fensterlaibungen traditionelle Vorbilder, variiert diese aber in den Formaten und schafft so im Wohngeschoss einen über Eck reichenden Panoramablick (4). Auf der dorfabgewandten, nördlichen Fassade dominieren kleinteilige quadratische Öffnungen, wie sie für Dorfhäuser typisch waren und grundsätzlich auf der »kalten« Seite eines Gebäudes stets sinnvoll sind (1). All dies fügt sich zu einem wohltuend bescheidenen und doch architektonisch hoch ambitionierten Ferienhaus.

WICHTIGE BAUDATEN

Bauaufgabe: Neubau eines Ferienhauses für eine Familie
Standort: Sarn/Graubünden
Bauzeitraum: 2002–2003 (8 Monate)
Grundstücksfläche: 461 m²
Wohnfläche: 118 m²
Umbauter Raum (BRI): 697 m³
Bauweise: Massiv (Ziegelmauerwerk)
Energiekonzept: Erwärmepumpe mit Tiefensonde
Baukosten gesamt: 436.300 sFr

2

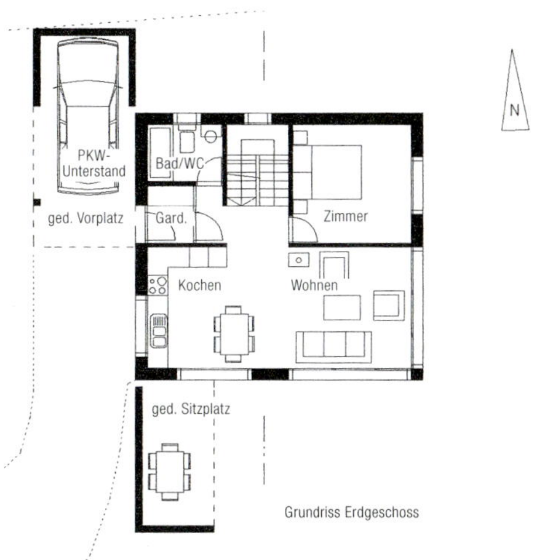

Grundriss Erdgeschoss

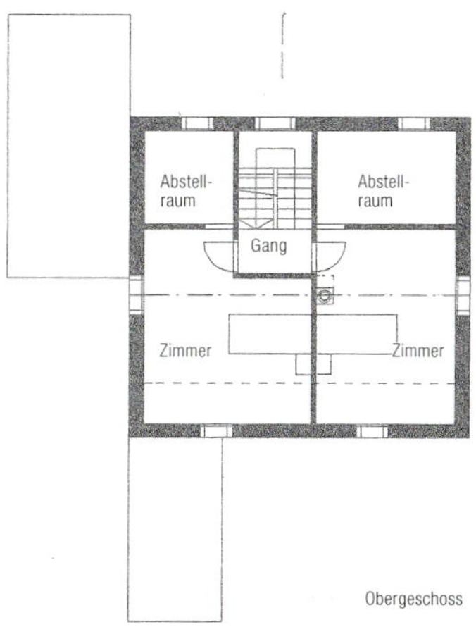

Obergeschoss

EIN WEISSER KUBUS MIT GLASAUFSATZ

Wundervoll in die Schamser Berge im schweizerischen Graubünden eingebettet, ragt das Wohnhaus Iseppi monolithisch aus dem Siedlungsumfeld heraus. Der massive Eindruck verdankt sich nicht zuletzt der Tatsache, dass die Laibungen durch die deutlich zurückversetzten Fenster besonders gut zum Tragen kommen. Auch der in Holzkonstruktion errichtete und fast durchgehend verglaste Dachgeschossaufsatz, unter dem sich die Schlafebene befindet, betont durch seine Leichtigkeit noch die Bodenverhaftung der gemauerten und verputzten Untergeschosse und belässt der Gesamtgestalt doch eine erstaunliche Leichtigkeit. Der geringe Dachüberstand trägt seinen Teil zu dieser visuellen Leichtigkeit bei. Beim Schlafen ganz oben, gleichsam im Schutz der hölzernen Dachkonstruktion, fühlen sich die Bewohner eins mit der Natur, der Rundumblick auf die Schamser Berge ist das vielleicht spektakulärste Architekturelement überhaupt. Eine Ebene darunter erstreckt sich das Wohngeschoss (1/2/3), dessen Teilbereiche durch den nördlichen Flur, aber auch südseits aneinander angebunden sind. Nur eine Glastür trennt die Funktionen Wohnen und Essen beziehungsweise Kochen. Und auch zur Frühstücks- und Essensterrasse auf der Südseite (4) führen kurze Wege. Ein höchst individuelles und rundum stimmiges Wohnhaus in perfekter Umgebung.

1

2

3

WICHTIGE BAUDATEN

Bauaufgabe: Neubau für ein Paar
Standort: Pignia/Schams
Bauzeitraum: 2001
Grundstücksfläche: 723 m^2
Wohnfläche: 153 m^2
Umbauter Raum (BRI): 975 m^3
Bauweise: Massivbauweise
Energiekonzept: Erdwärmepumpe mit Tiefensonde
Baukosten: ca. 626.000 sFr

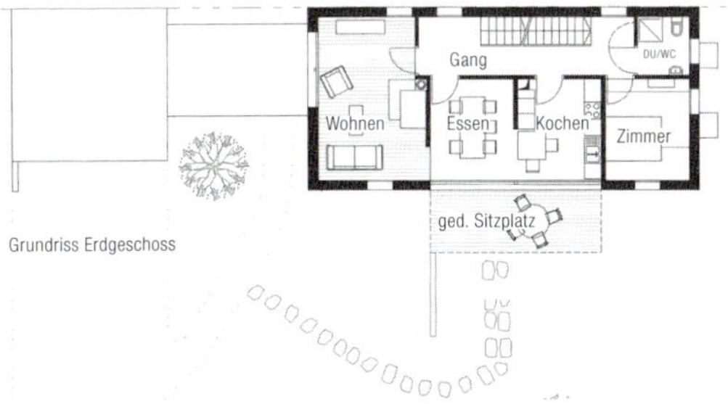

Grundriss Erdgeschoss

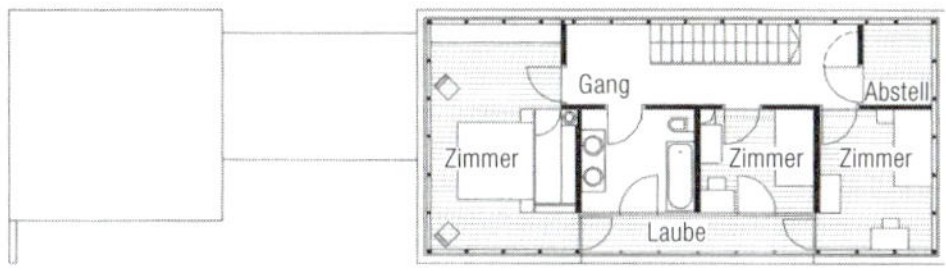

Obergeschoss

4

EIN MEISTERWERK AUS ZWEI TEILEN

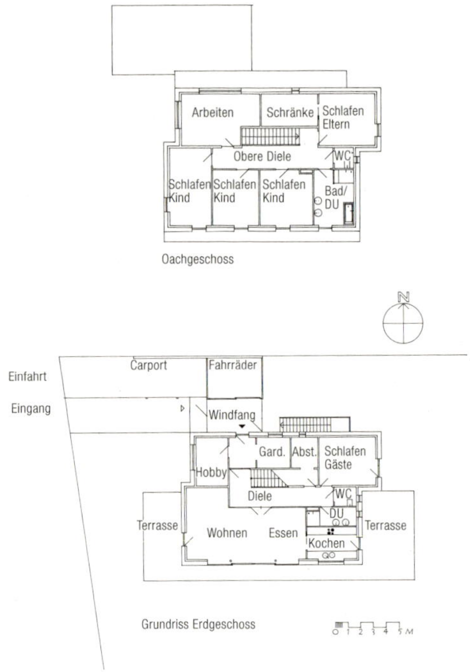

1

Für Bauherren, die sich nicht zwischen Satteldach und Flachdach entscheiden können oder mögen, bietet das Haus der Familie Wallentin einen höchst attraktiven dritten Weg – schlicht die Kombination beider Dachformen in einem Haus! War auch die Idee zu dieser Lösung ursprünglich aus den Bestimmungen des geltenden Bebauungsplans entstanden, der Spitzdächer forderte, so tat dies zumindest in diesem Fall dem Ergebnis gut. Unter dem spitzen Dach holen zwei Giebelverglasungen sowohl am Morgen als auch am Abend reichlich Sonnenlicht herein und betonen das flache »Nachbardach« (1/4). Die Verglasungen und die die Auskragungen tragenden filigranen Stahlstützen erwecken fast den Eindruck, als schwebe das Dach über dem übrigen Baukörper (3). Der in Holzbauweise errichtete und lärchenholzverschalte nördliche Trakt mit dem Hauseingang wirkt dank seiner effizienten Dämmung als Wärmepuffer, während der in strahlendem Weiß gehaltene südliche Gebäudeteil mit seinem massiven, verputzten Ziegelmauerwerk Wärme »tankt« und langsam wieder an die Innenräume abgibt. Im Sommer bleiben die Wände kühl, textile Verschattungen halten übermäßige Hitze ab (2). Insgesamt erreicht das Einfamilienhaus fast Passivhausstandard – eine willkommene Zugabe zur außergewöhnlich gelungenen Architektur.

WICHTIGE BAUDATEN

Bauaufgabe: Neubau für eine Familie mit Kindern
Standort: bei Steyr/Oberösterreich
Bauzeitraum: 1999-2000 (15 Monate)
Grundstücksfläche: ca. 1.400 m²
Wohnfläche: 233,5 m²
Umbauter Raum (BRI): ca. 1.600 m³
Konstruktion: Mischbauweise
Energiekonzept: Kontrollierte Wohnraumbe- und Entlüftung mit Pufferspeicher und Wärmerückgewinnung, passive Sonnenenergienutzung, optimale ökologische Einblasdämmung, Fassadenkollektoren zur Warmwasserbereitung
Jahresheizwärmebedarf: ca. 22 kWh/m² (Niedrigstenergiestandard)
Baukosten: keine Angaben

3

4

FILIGRAN AM HANG

Mit einem auskragenden Pultdach vor schlechtem Wetter und Sommersonne geschützt, ragt das Haus Rosenbaum hoch über die Straße auf. Sich vom Hang lösend, kragt das Gebäude auf seinen filigranen Stahlstützen einige Meter aus und lässt dadurch gleichzeitig ohne Zusatzkosten einen Carport entstehen. Es kann ebenerdig in die beiden Garagen eingefahren werden, der Zugang befindet sich ebenfalls auf Straßenniveau (2). Die Wohngeschosse sind dem gegenüber dem öffentlichen Raum entrückt und überwiegend dem Garten zugewandt, ein schlichter Lärchenholzzaun schützt im materiellen Gleichklang mit der Fassade die Terrasse vor Einblicken und Kaltwinden. Bis übers südwestliche Hauseck kleidet sich der Wohnraum mit Essplatz und selbst entworfener Küche in Glas – geschützt durch einen holzgedeckten Balkon, der zugleich Sonnenschutzfunktion übernimmt (3). Das Treppenhaus sammelt im Winter die eingestrahlte Sonnenwärme und lässt sie kaminartig nach oben steigen (1). Das Fensterband des Treppenbereichs formt zudem einen Bilderrahmen, der die Landschaft in Segmenten abbildet. Auch ansonsten macht der enge und direkte Bezug zu den Äckern und Wiesen einen Gutteil der Lebensqualität aus, die Kinder können sich ungehindert auf Abenteuersuche in der Natur machen. Ein Familienhaus mit hoher gestalterischer Individualität und zu erstaunlich günstigem Preis.

1

2

WICHTIGE BAUDATEN

Bauaufgabe: Neubau für eine Familie mit zwei Kindern
Standort: Oberösterreich
Bauzeitraum: 2000–2002 (ca. 20 Monate mit Eigenleistung)
Grundstücksfläche: ca. 900 m^2
Wohnfläche: 152 m^2 (zuzüglich Nutzfläche)
Umbauter Raum (BRI): 936 m^3
Bauweise: Holzbauweise
Energiekonzept: Passive Nutzung der Solarenergie,
hoch effiziente Wärmedämmung mit ökologischen Materialien
Jahresheizwärmebedarf: ca. 33 kWh/m^2
Baukosten gesamt: ca. 189.000 Euro

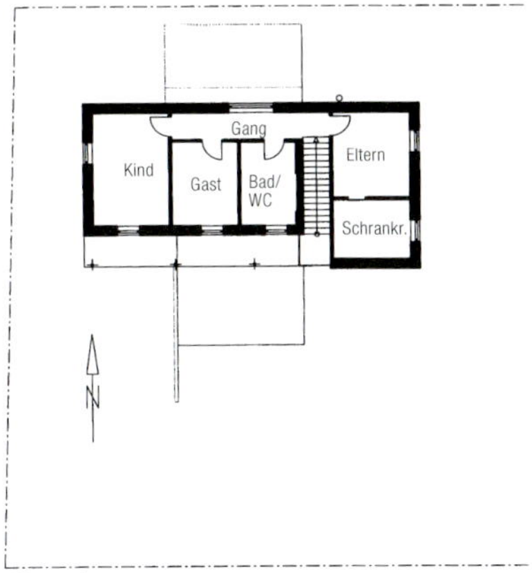

Obergeschoss

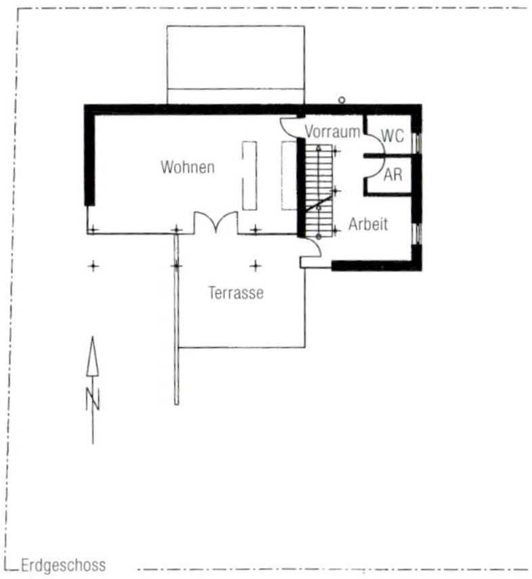

Erdgeschoss

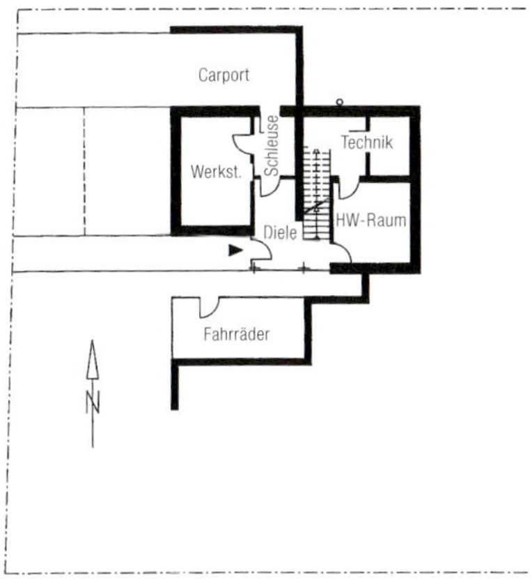

Grundriss Untergeschoss

3

FUTURISMUS IN BODENSTÄNDIGER VERSION

Ein Haus wie aus der Zukunft mit hohem Nutzeffekt – so ließe sich das Einfamilienhaus der Familie Kirchweger prägnant beschreiben. Das auffallendste Element der Architektur ist ohne Zweifel der südexponierte Wintergarten, der gleichzeitig auch die »Energiezentrale« darstellt (4). Die mit 70° Dachneigung ausgestattete »Dach-Fassade« sammelt Sonnenwärme auf direktem und indirektem Weg – zum einen über die passive Nutzung der Sonnenstrahlen zur Erwärmung der Raumluft, zum anderen über die in die Konstruktion integrierten Luftkollektoren (3). Ein Steinspeicher im Keller sammelt die Wärmeenergie und gibt sie bedarfsgerecht wieder ab. Auch die für den nördlichen Teil des Hauses eingesetzten massiven Ziegelwände können Wärme sehr gut speichern. Der unbeheizte Wintergarten wird bei winterlicher Sonne und in der Übergangszeit als kostenloser Wärmelieferant genutzt, indem die Fenstertüren auf beiden Geschossen geöffnet werden (1). Ist es draußen sehr kalt, bleiben sie geschlossen und der zentrale Kachelofen sorgt für einen zusätzlichen Wohlfühlfaktor. Entlüftungsöffnungen verhindern eine sommerliche Überhitzung des Wintergartens. Der zukunftsgerichteten Architektur und Haustechnik ist – vom Holztragwerk des Wintergartens bis hin zum kompletten Innenausbau – ein sehr warmer, von naturbelassenem Massivholz geprägter Wohnraumcharakter eingeschrieben. Schicke Kälte ist hier ein Fremdwort, die Hängematte und der Sitzplatz im Wintergarten sind die liebsten Aufenthaltplätze der Familienmitglieder (2).

2

WICHTIGE BAUDATEN

Bauaufgabe: Neubau für eine Familie
Standort: Niederösterreich
Bauzeitraum: 1995–1998 (in Etappen)
Grundstücksfläche: 900 m²
Wohnfläche: 144 m²
Umbauter Raum (BRI): 982 m³ (inklusive Wintergarten)
Bauweise: Mischbauweise (Ziegelmauerwerk, Holzriegelbauweise beim Wintergarten)
Energiekonzept: Wärme- und Energiegewinnung über Luftkollektoren und passive Nutzung der Sonnenergie
Jahresheizwärmebedarf: ca. 30 kWh/m²
Baukosten gesamt: ca. 199.000 Euro

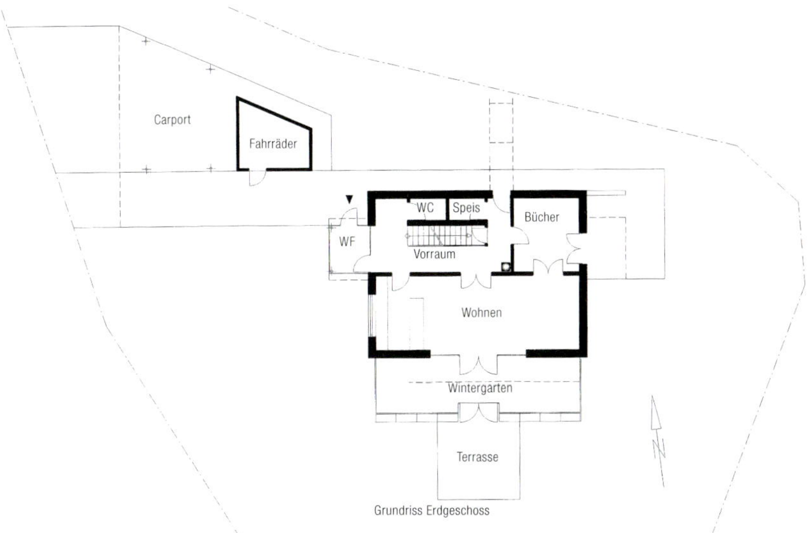

Grundriss Erdgeschoss

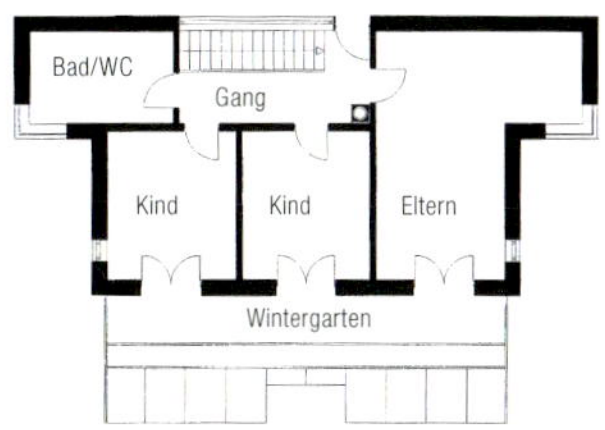

Obergeschoss

SPEKTAKULÄRES PASSIVHAUS AUF BEENGTEM RAUM

1

Auf einem sehr kleinen und noch dazu steilen Hanggrundstück Waidhofens entstand ein im Raumeindruck großzügiges Familienheim, das außerdem einen sehr guten Passivhausstandard erreicht und die höchsten ökologischen Kriterien erfüllt. Architekt Ernst Michael Jordan schuf hierbei im Haus wie auch bei den Freiflächen eine Terrassenlandschaft auf mehreren Ebenen. Der Höhenunterschied zwischen tiefstem und höchstgelegenem Bereich beträgt hierbei stattliche 8 Meter (3)! Der Hauptbaukörper besitzt zwei Vollgeschosse mit ineinander übergehendem Wohn-, Ess- und Kochbereich. Unter dem als Vierteltonne ausgebildeten ungewöhnlichen Dach lädt eine holzgedeckte Galerie zum Lesen und Entspannen ein (1). Hinter dem Fassadenschirm aus rot lasierter Lärche (2) verbirgt sich die ökologische und energetisch hoch effiziente Einblasdämmung aus Zellulosefasern, die neben der passiven Solarnutzung und der modernen Energietechnik das Erreichen eines hervorragenden Passivhaus-Standards ermöglicht. Spektakuläre Architektur vereint sich hier aufs Beste mit perfekter Platzausnutzung und höchster Energieeffizienz.

2

WICHTIGE BAUDATEN

Bauaufgabe: Neubau für ein Ehepaar
Standort: Waidhofen a.d.Ybbs/Niederösterreich
Bauzeitraum: 2002 (9 Monate)
Grundstücksfläche: ca. 359 m^2
Wohnfläche: 139 m^2
Umbauter RaumBRI: ca. 937 m^3
Konstruktion: Holzriegelbau mit Stegträgern
Energiekonzept: Wärmepumpe mit kontrollierter Wohnraumbe- und entlüftung mit Wärmerückgewinnung und Erdkollektor, passive Sonnenenergienutzung, optimale ökologische Einblasdämmung
Jahresheizwärmebedarf: ca. 11 kWh/m^2 (Passivhausstandard)
Baukosten: keine Angaben

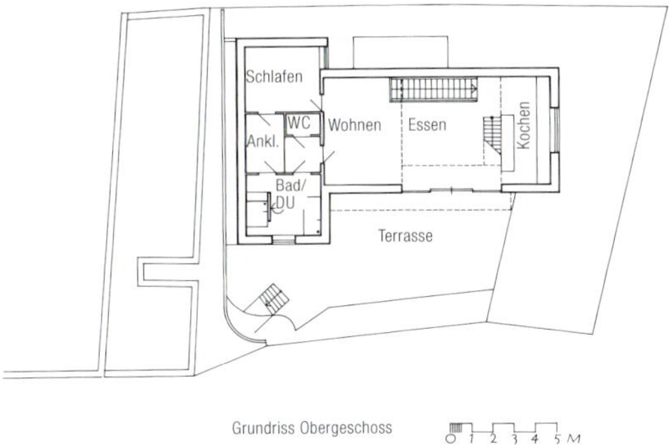

Grundriss Obergeschoss

3

DIE EINDEUTIGKEIT DES QUADERS UND DIE ERFORDERNISSE DES ORTES

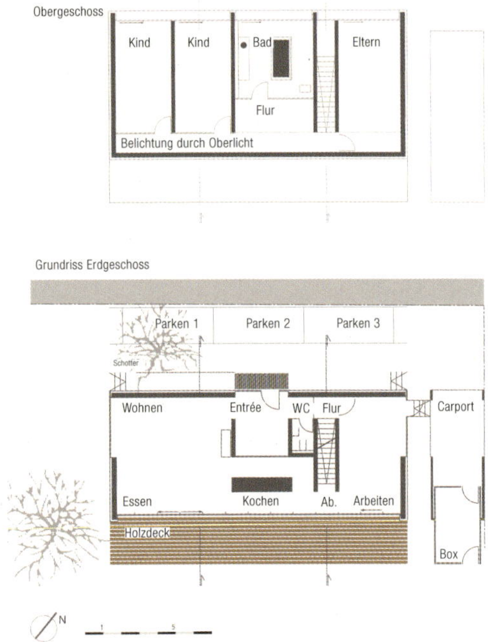

Soll in problematischem Umfeld ein Wohnhaus mit hoher Lebensqualität entstehen, hängt besonders viel von einer spezifisch darauf abgestimmten Planung ab. So hätte auch das zwischen Bahnlinie und Ringstraße gelegene Grundstück bei Bebauung mit einem schematisch geplanten Durchschnittshaus nicht nur architektonisch, sondern auch hinsichtlich des Wohnwerts wenig Anlass zur Freude gegeben. Die von kehrbaumarchitekten gefundene Raumaufteilung und Fassadengestalt antwortet jedoch ganz individuell auf die Erfordernisse der Lage. Nach Süden ist das gegenüber der Ringstraße durch eine Lärmschutzwand geschützte Erdgeschoss großflächig verglast, das lärmexponierte Obergeschoss aber konsequent geschlossen ausgeführt (2). Die in fröhlichen Farben gehaltenen Kinderzimmer und das Elternschlafzimmer wurden stattdessen auf die ruhige Nord- beziehungsweise Nordwestseite »transferiert« und zum Ausgleich mit großen Glasscheiben versehen (4). Ein über die gesamte Hauslänge laufendes Oberlichtband versorgt das Obergeschoss zusätzlich mit weichem Licht. Die ungewöhnlich konsequente Eindeutigkeit der Fassaden korrespondiert mit der klaren Kubatur des Hauses, das sich zu einem fast geschlossenen Quader formt. Hieraus entsteht nicht nur eine hohe ästhetische Präsenz (1), sondern die kompakte Baugestalt sorgt zusammen mit dem für Wände und Decken gewählten Baustoff Stahlbeton dafür, dass der Kern des Hauses wirksam von Lärm abgeschottet ist. So kann sich das Wohnen im offen konzipierten Erdgeschoss ungestört von äußeren Einflüssen entfalten, der hier durchgehend gewählte Bodenbelag aus Stabparkett vergrößert die Wohnfläche im Eindruck zusätzlich (3/5).

1

WICHTIGE BAUDATEN

Bauaufgabe: Neubau für eine Familie mit Kindern
Standort: Kaufbeuren/Bayern
Bauzeitraum: 2002–2003 (10 Monate)
Grundstücksfläche: 873 m²
Wohnfläche: 202 m²
Umbauter Raum (BRI): 1.030 m³
Bauweise: Massiv (Stahlbeton, mit Wärmedämm-Verbundsystem)
Energiekonzept: Gas-Brennwerttherme
Jahresheizwärmebedarf: ca. 65 kWh/m²
Baukosten gesamt: ca. 340.000 Euro

2

3

4

5

WEISSE VILLA ZWISCHEN IDYLLE UND ABGRENZUNG

In direkter Nachbarschaft zu einer viel frequentierten Straße entstand eine moderne Villa, deren bauliches Konzept den Bewohnern größtmöglichen Wohnwert verschafft. Einschließlich der Umfriedungsmauer, die Schutz vor direkten Einblicken und Lärmimmissionen gewährt, trägt das Bauwerk klares Weiß, das eine vollendete gestalterische Harmonie mit der Kubatur und der Fassadengestalt erzeugt. Eingeschossige Nebengebäude dienen ebenfalls als Pufferzone, sparsam gesetzte und im Übereckbereich teils mattierte Fenster holen auf dieser Seite benötigtes Tageslicht herein, ohne das Innenleben des Hauses preiszugeben (2). Nach Süden, zum Garten hin, öffnet sich das Gebäude jedoch ganz nach außen und zur großen, grundstückseigenen Wiese. Die Zuordnung des Gebäudes zur Straße hatte zur Folge, dass ein großer und optimal nutzbarer Außenraum übrig blieb. Die großen Scheiben insbesondere im Erdgeschoss verwischen zusammen mit den identischen Bodenbelägen die Grenzen zwischen Wohn- und Gartenraum (1). Im großen Ganzen wie auch im Detail zeichnet sich das Haus an der Wiese durch eine bewusste Einfachheit aus, die sich etwa in der flächenbündigen Anordnung der Bauteile und der Wahl reduzierter, zurückhaltender Oberflächen zeigt. Im Obergeschoss, das gleichsam als schützendes und Überhitzung vermeidendes »Vordach« über die untere Wohnebene auskragt, sind die identisch großen Kinderzimmer und das Elternschlafzimmer jeweils eigenen Loggien zugeordnet. So konstituiert Form gleichzeitig Funktion und Privatheit. Die Innenräume sind besonders im Erdgeschoss durch größte Offenheit geprägt, wobei aber grundsätzlich mittels mattierter Glasschiebetüren auch vielfach neue Raumzusammenhänge geschaffen, modifiziert und wieder aufgelöst werden können.

1

WICHTIGE BAUDATEN

Bauaufgabe: Neubau für eine Familie mit Kindern
Standort: Kaufbeuren/Bayern
Bauzeitraum: 2002–2003 (13 Monate)
Grundstücksfläche: 894 m^2
Wohnfläche: 243 m^2
Umbauter Raum (BRI): 1.524 m^3
Bauweise: Massiv (Ziegelmauerwerk und Stahlbeton)
Energiekonzept: Gas-Brennwerttherme
Jahresheizwärmebedarf: ca. 71 kWh/m^2
Baukosten gesamt: ca. 435.000 Euro

Grundriss Erdgeschoss

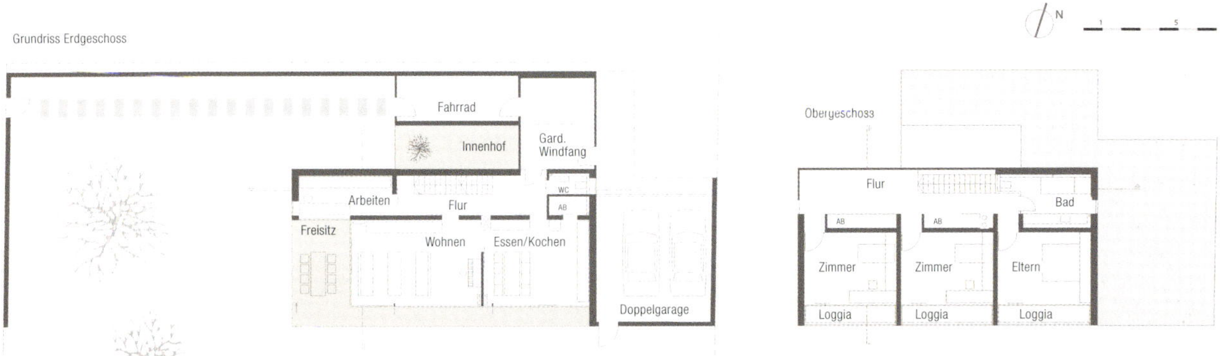

AUF DEN HÖHEN ÜBER DEM BODENSEE

Ein lang gestreckter Glasriegel auf 900 Metern Höhe, in Holz konstruiert und strukturiert, durch eine Betonmauer geerdet und stabilisiert; das Hauptwohngeschoss mit dem nach Südwesten orientierten großzügigen Wohnbereich (3/4), geprägt von dem schier unwirklich schönen Ausblick auf den Bodensee und auf die umgebenden Landschaften im Dreiländereck Deutschland – Schweiz – Österreich (2). Und zu alledem auch dann Sonnenschein, wenn es in den ansonsten bevorzugten Wohnlagen direkt am See dichten Dunst hat: den Vorzug dieser Lage weiß die Architektur ins rechte Licht zu setzen, die auf der Wohnebene umlaufenden Balkone erscheinen lediglich als brückenartige Verbindungen zum Himmel. Hier möchte man ohne Unterbrechung aus dem Fenster sehen, anstatt einer wie auch immer gearteten sinnvollen Beschäftigung nachzugehen. Und doch bieten die Räume so viel fürs Auge, dass man den Blick auch einmal länger auf dem saalartigen Wohnraum mit dem als Raumteiler eingesetzten Ofen (1) oder dem zurückhaltend hochwertigen Badezimmer verweilen lassen sollte. All dieses Wohnen ruht auf einem erschließenden Untergeschoss, dessen hoch transparente Ausführung dem Baukörper eine besondere Leichtigkeit und bei abendlicher Innenbeleuchtung eine intensive Strahlkraft verleiht. Laternenartig auf dem Erdgeschoss thronend, bildet ein ebenfalls großzügig verglaster Entspannungs- und Bibliotheksbereich im wahrsten Sinne den Gipfel des Raumerlebnisses. Als bewusste Stilelemente angeordnete Holzstapel entlang der talseitigen Fassade schaffen eine zusätzliche horizontale Lineatur und verbinden die Architektur harmonisch mit der Landschaft. Weitgehend unbehandelt eingesetzte und wohngesunde Baustoffe belassen es nicht bei einem bloßen Wohnen in der Natur, sondern setzen auch den hohen ökologischen Anspruch der Bauherrschaft konsequent um.

1

2

WICHTIGE BAUDATEN

Bauaufgabe: Neubau für ein Ehepaar
Standort: Vorarlberg
Bauzeitraum: 2004–2005 (9 Monate)
Grundstücksfläche: 2.205 m²
Wohnnutzfläche: 360 m²
Umbauter Raum (BRI): 1.050 m³
Bauweise: Mischbauweise (Holzskelettbau und Stahlbeton)
Energiekonzept: Holzpelletheizung, Holzofen, Passivhausverglasung, Solarkollektoren
Jahresheizwärmebedarf: ca. 35 kWh/m²
Baukosten: keine Angaben

3

4

Erdgeschoss

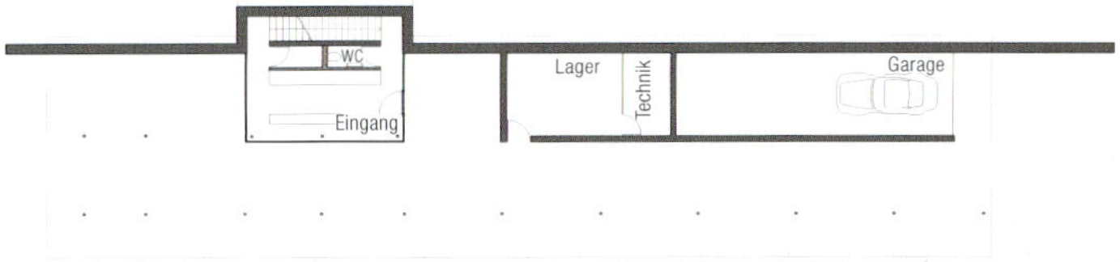

Grundriss Untergeschoss

EIN HAUS UM DEN INNENHOF

1

2

3

Ein lang gestreckter, auf den ersten Blick geschlossener Quader an einem Wiesenhang erweist sich beim zweiten Hinsehen als raffiniert verstecktes Atriumhaus, dessen einzelne Teile sich um den offenen, über zwei Ebenen reichenden Wohnhof gruppieren (3). Die Fassaden und die talseitige Loggia fassen den Baukörper gleich einer Spange (4). Unter den betonierten Stützen findet sich der Carport mit Platz für mehrere Automobile, frei auskragende Treppenstufen geleiten den Ankommenden im Innenhof nach oben. Die Wohnebene zeigt sich durch das Atrium wirksam untergliedert in einen offenen Wohn-, Koch- und Essbereich (1) und einen privateren Trakt mit Elternschlafzimmer, Kinderzimmern und Bad. Selbstverständlich sind beide Abschnitte intern und barrierefrei über einen Flur verbunden. Die zum Atrium hin überwiegend verglasten Fassaden bringen nicht nur reichlich Licht herein, sondern ermöglichen auch ungehinderte Blickbeziehungen zwischen den einzelnen Bereichen und Ebenen (3). Die Südseite des Hauses wird von einer überdachten Terrasse gebildet, die – von drei Seiten belichtet – einen ganztags gut besonnten und dennoch geschützten Aufenthaltsbereich im Freien darstellt (2). Nach Lust und Laune gelangt man über wenige Schritte vom bergseitigen Ausgang direkt in die freie Natur. Der Verzicht auf jegliche Umzäunung, die aufgrund des Fehlens jeglicher Nachbarschaft und Straßen ohne Probleme möglich war, spart nicht nur Kosten, sondern macht vor allem Natur und Haus als selbstverständliche Einheit erlebbar.

WICHTIGE BAUDATEN

Bauaufgabe: Neubau für eine Familie mit zwei Kindern
Standort: bei Bregenz
Bauzeitraum: 2003 (6 Monate)
Grundstücksfläche: ca. 1.700 m^2
Wohnnutzfläche: 128 m^2
Umbauter Raum (BRI): 940 m^3
Bauweise: Mischbauweise (Erdgeschoss Stahlbeton, ansonsten Holzelementbauweise)
Energiekonzept: Holzofen, passive Nutzung der Sonnenenergie
Jahresheizwärmebedarf: ca. 38 kWh/m^2
Baukosten: unter 200.000 Euro

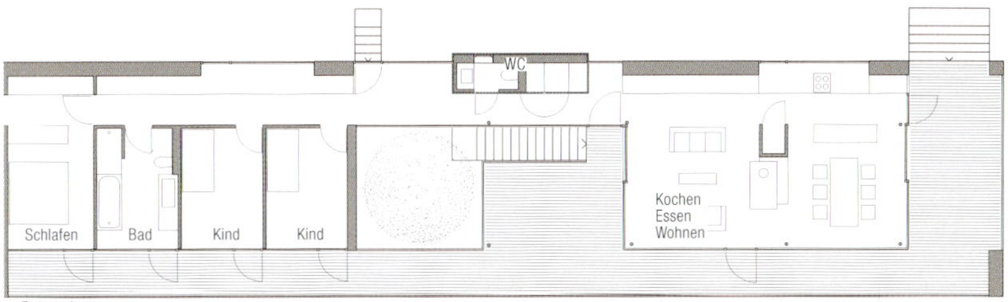

Erdgeschoss

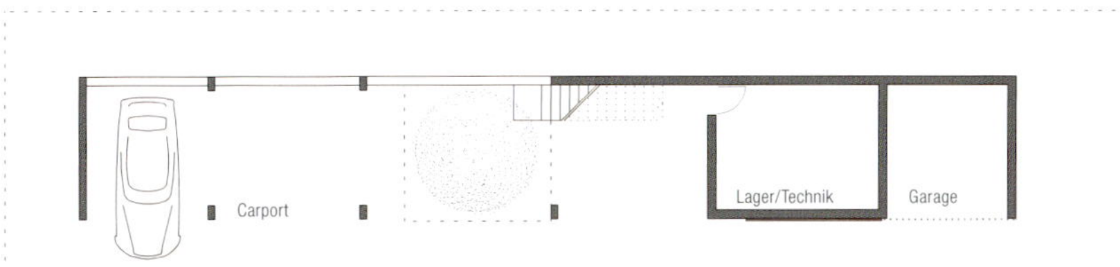

Grundriss Untergeschoss

VIELGESTALTIGKEIT UND REDUKTION

Gute Architektur zeichnet sich nicht zuletzt dadurch aus, dass sie bei größtmöglicher konstruktiver Vereinfachung eine höchst spannende Gebäudeform und abwechslungsreiche räumliche Strukturen schafft. Dieses Einfamilienhaus in einem Dorf bei Lindau beschränkt sich auf einen Betonbügel und zwei Stahlstützen als Grundgerüst, zwischen denen sich im Grunde nur gläserne Transparenz findet (4). Vorhandene Fenstertüren sind so filigran konstruiert und platziert, dass sie optisch einerseits in den Hintergrund treten und andererseits auf beiden Ebenen zur Rhythmisierung der Fassaden beitragen. Den weithin gläsernen »Unterbau« mit dem Arbeitsbereich verbindet eine entkörperlicht wirkende Treppe mit der darüber liegenden »Holzkiste«, die vornehmlich dem Privaten und Zurückgezogenen verpflichtet ist (2). Aber auch im oberen Geschoss gibt es einen zur Landschaft exponierten Wohnbereich – deutlich symbolisiert durch den aus der Fassade ausgreifenden Rahmen, der sich nach außen vorstreckt, ein spezifisches Abbild von der Landschaft schafft und zugleich vor den Strahlen der steil am Himmel stehenden Sommersonne schützt (3). Über dem Betonbügel zeigt sich der intimere Teil des Gebäudes völlig introvertiert und geschlossen. Eine in die Gesamtkubatur eingeschriebene Loggia erlaubt es auf dieser Seite dennoch, in beschützter Weise das Leben im Freien zu genießen (1). Der Reiz der Architektur ergibt sich hier aus dem Zusammenspiel klarer konstruktiver Linien und übereinander ausgreifender baulicher Komponenten, von Transparenz und Geschlossenheit, die eine außerordentliche visuelle Spannung entstehen lassen. Die konsequent durchgehaltene Materialität mit haltbarem Zedernholz für Traggerüst, Fassaden, Türen, Fußböden und Mobiliar tut zudem der gestalterischen Einheitlichkeit sehr gut.

1

2

WICHTIGE BAUDATEN

Bauaufgabe: Neubau für eine Familie
Standort: bei Lindau
Bauzeitraum: 2000 (3 Monate)
Grundstücksfläche: 1.200 m²
Wohnnutzfläche: 230 m²
Umbauter Raum (BRI): 825 m³
Bauweise: Mischbauweise (Stahlbeton- und Stahlstützen, Stahlbeton-Wandscheibe, ansonsten Holzskelettbau)
Energiekonzept: Gas-Brennwerttherme (Flüssiggas), Holzofen, dachmontierte Solarkollektoren, hoch effiziente Dämmung mit 30 cm Thermohanf, Passivhausverglasung, passive Nutzung der Sonnenenergie
Jahresheizwärmebedarf: ca. 32 kWh/m²
Baukosten: unter 200.000 Euro

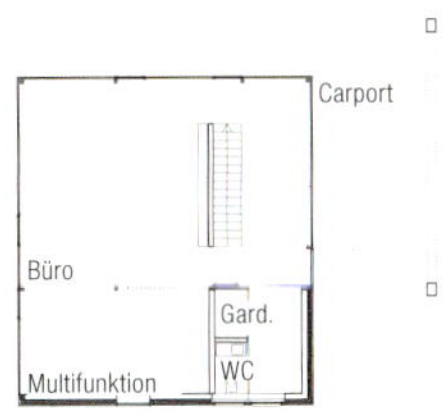

Grundriss Erdgeschoss

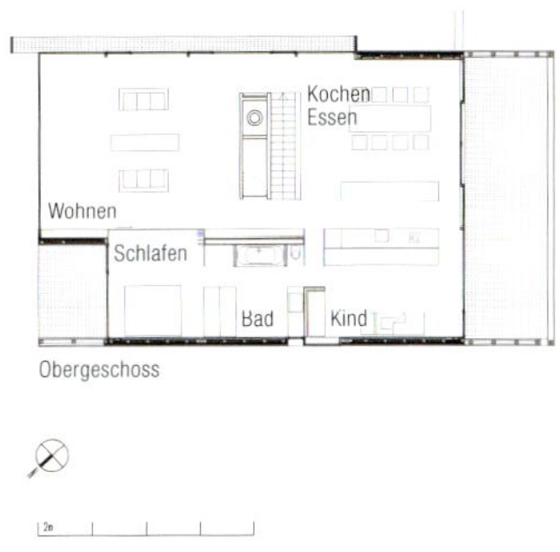

Obergeschoss

KÜHN MALVEZZI, Berlin

Bauleitung:
WOLFGANG MITTL, Breisach

1

2

WEISSES BAND UM SCHWARZWALDHAUS

Ein weißes im Typus eines großzügigen Bungalows erstelltes Einfamilienhaus mit durchgehend raumhohen Fenstertüren und ein bestehendes, traditionelles Schwarzwald-Häuschen – keine ganz gewöhnliche Kombination. Kühn Malvezzi aus Berlin gelang es, aus vom Bautypus her konträren Baukörpern ein spannungsreiches Ganzes zu schaffen. Das zur Bebauung bestimmte Grundstück mit eingewachsenem Baumbestand wurde bei den Baumaßnahmen nur so weit als unbedingt notwendig angetastet, größere Erdbewegungen und Baumfällmaßnahmen unterblieben ebenso wie größere Eingriffe in die Fassadengestalt des bestehenden kleinen Wohnhauses. Dieses wurde vielmehr dadurch unprätenziös in die Planung integriert, dass es nun in erster Linie als Eingangs- und Erschließungstrakt dient (4). Die neu entstandenen weißen Baukörper sind unterschiedlich situiert und ausgerichtet und schaffen ihrerseits Freiräume für Sitzplätze, die nach den Himmelsrichtungen orientiert sind. Split-Level-Bauweise im Neubaubereich mit gegenüber dem Altbau deutlich abgesenkten Fußbodenhöhen ermöglichte es, eine insgesamt einheitliche Deckenunterkante beizubehalten (1). In ihrer eindeutigen Fassadengestalt mit identischen Abmessungen und Abständen der Fenster (2/3) konstituieren die Neubautrakte ein strenges, lineares Muster, das den Raumzusammenhang bandartig fasst. Im architektonischen Grundansatz die Architektur Ludwig Wittgensteins zitierend, findet dieser Neubau im Zusammenspiel mit dem Vorhandenen zu einer völlig eigenständigen, außergewöhnlichen Qualität.

WICHTIGE BAUDATEN

Bauaufgabe: Neubau eines Wohnhauses als Anbau
Standort: Freiburg im Breisgau/Baden-Württemberg
Bauzeitraum: 1998–2001
Grundstücksfläche: 1.504 m²
Wohnfläche Neubau: 155 m²
Umbauter Raum (BRI) Neubau: 589 m³
Bauweise Neubau: Ziegelmauerwerk verputzt mit Stahlbetondecken
Energiekonzept: Gas-Zentralheizung
Baukosten: keine Angaben

3

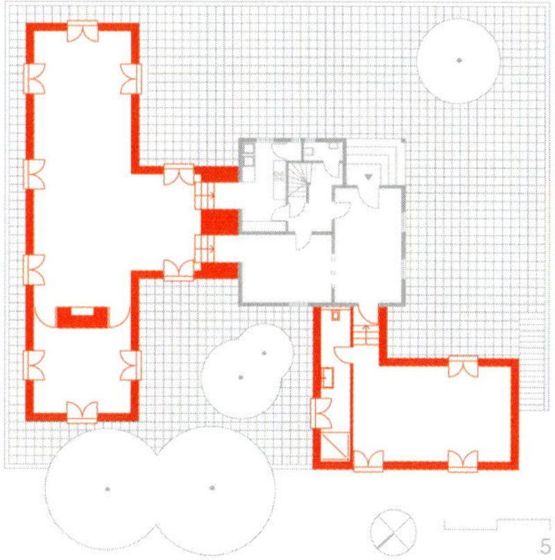

Grundriss Erdgeschoss

4

1

2

EIN HAUS MIT AUSSICHT

Außergewöhnlich ist bei dem Haus der Familie Ziegler schon die Annäherung über eine bedachte Stahlbrücke, die das Gefälle des Hangs ebenerdig überwindet und in ihrer Gestalt Assoziationen zu einer Schleuse weckt (1). Zwei Kuben aus Stahlbeton, in denen sich auch der Eingangsbereich und die Treppenzone befinden, bilden den hangseitigen Teil des Baukörpers. Zum Tal hin dockt daran – durch eine Glasfuge getrennt und verbunden – eine Holzkonstruktion mit südseits überwiegend verglasten Fassaden an, vor die wiederum ein Balkon in Stahlkonstruktion gestellt ist (3). Ganz unten, mit eigenem Zugang über den Garten, befindet sich das Kindergeschoss, auf dem Eingangsniveau die Wohnebene und unter Dach der Bereich der Eltern. So unterschiedlich die Funktionen sind, so sehr ähneln sich doch alle Bereiche hinsichtlich ihrer ausgesprochen lichten Wohnstimmung – vor allem eine Folge der transparenten Gestaltung. Dafür, dass es bei Hitze im Haus nicht zu warm wird, sorgen ganz oben ein Dachüberstand, auf den übrigen Geschossen die Balkone, die gleichzeitig wirksamen Sonnenschutz gewährleisten. Da alle wichtigen Lebensbereiche nach Süden ausgerichtet wurden, gibt es keine dunklen und benachteiligten Zimmer. Selbst Bad (2) und Schlafzimmer der Eltern profitieren von der Ausrichtung des Gebäudes. Neben der Wohnstimmung ermöglichen die hoch transparenten Südfassaden auch wunderschöne Ausblicke auf die gegenüberliegenden Hügel des Schwarzwalds.

WICHTIGE BAUDATEN

Bauaufgabe: Neubau für eine Familie mit drei erwachsenen Kindern
Standort: bei Freudenstadt/Baden-Württemberg
Bauzeitraum: 1999–2000
Grundstücksfläche: 410 m^2 (Kerngrundstück)
Wohnfläche: 240 m^2
Umbauter Raum (BRI): 1.185 m^3
Bauweise: Mischbauweise (Stahlbeton, Holzkonstruktion, Stahlbalkon)
Energiekonzept: geschlossene Nordseite/verglaste Südseite – solarer Gewinn 11.375 kWh, Gas-Brennwerttherme
Jahresheizwärmebedarf: ca. 70 kWh/m^2
Baukosten: keine Angaben

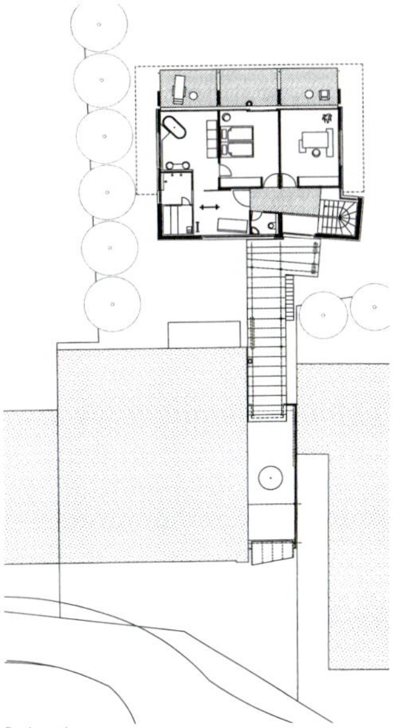

Dachgeschoss

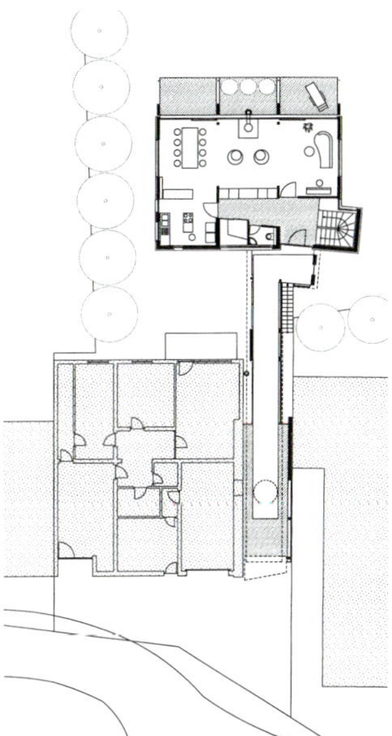

Grundriss Erdgeschoss

3

EIN ATRIUMHAUS IN GLAS UND BETON

1

2

Gegenüber der Nachbarschaft deutlich erhöht gelegen, hebt sich das Einfamilienhaus im belgischen Verhey noch stärker durch seine Architektur vom gebauten Umfeld ab. Vorbei am unteren, nur für Autos und Lagermöglichkeiten genutzten Geschoss führt eine Betontreppe zum Wohngeschoss empor (2). Zusammen mit dem gleich einem Campanile aufragenden Eingangsturm ergibt sich hieraus eine gekonnte Inszenierung der Annäherung und des Ankommens (1). Ein lichtdurchfluteter Gang erschließt von dort die eingangsseitig situierten Kinder- und Elternschlafzimmer und auch den im rechten Winkel angelegten gemeinsamen Wohn- und Lebensbereich. Beide Teilbaukörper formen zusammen mit einer lang gestreckten Lager- und Abstellbox einen dreiseitig begrenzten Innenhof, wodurch das Leben den Blicken von außen entzogen ist, Privatheit entsteht und Kaltwinde abgehalten werden. Ein Außenpool vervollständigt den Wohnbereich im Freien, der angesichts der weithin gläsernen Fassaden eine enge Verbindung mit den Wohnräumen eingeht (3). Der dominierenden Waagerechten des bungalowartigen Gebäudes stellt – neben dem Eingangsturm – ein hohes Kaminrohr ein senkrechtes Ausrufezeichen gegenüber. Eine sehr ungewöhnliche und äußerst gelungene Variation des erhöhten Lebens auf einer Ebene.

WICHTIGE BAUDATEN

Bauaufgabe: Neubau für eine Familie
Standort: Verhey/Belgien
Bauzeitraum: 2002–2003
Grundstücksfläche: ca. 500 m²
Wohnfläche: ca. 120 m²
Bauweise: Stahlbeton und Glas
Baukosten: keine Angaben

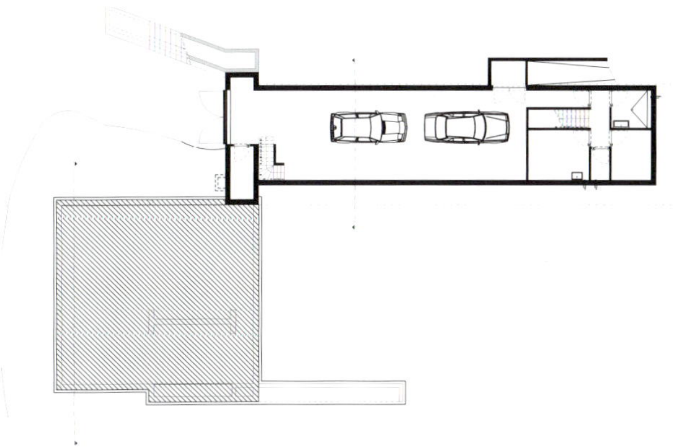

Grundriss Ebene 0

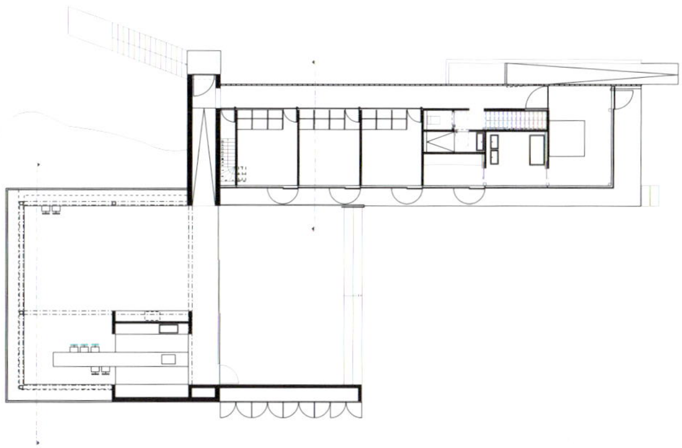

Ebene 1

EINE ROBE AUS BETON

Die äußere Form von Gebäuden in der qualitätvollen zeitgenössischen Architektur ist vielgestaltig, die Bandbreite reicht von klassisch modernen Einflüssen mit weißen Kuben und klaren Formaten bis hin zu biomorphen Formen, die sich gänzlich von den Grundformen des Quaders gelöst haben. Das von Bart Lens geplante Gebäude im belgischen Alken entscheidet sich zwischen diesen Polen für einen dezidiert individuellen Weg. Eine gekrümmte, fensterlose Stahlbetonscheibe, die vor Lärmimmissionen und Einblicken schützt, legt sich gleich einem Umhang um einen inneren Quader (2). Der »Saum« weist mit seinen Spitzen zum Eingangsbereich hin, aber auch kühn über diesen hinaus, entgrenzt somit das Haus. Ein an der Unterkante der Betonscheibe angedocktes Vordach leitet zur Türe hin. Ein mit geschwungenen schanzenartigem Dach versehener gläserner, filigran gesprosster Glaskörper fasst das Gebäude von der anderen Seite (1). Die Befensterung traut sich, mit der eher traditionellen Form des Kreuzsprossenfensters zu arbeiten und erzeugt gerade damit ein hoch anregendes Spannungsmoment (1-3). Im Inneren lässt ein weithin offenes Raumkonzept die Lebensbereiche des Erdgeschosses ineinander wachsen. Eingangshalle, Wohnbereich und Essplatz reihen sich fächerartig und sind nur durch eine Wandscheibe von Garderobe, WC und Küche getrennt. Die Rundung der trennenden Wandscheibe bewirkt, dass die Abgrenzung gewollt sanft ausfällt. Ein erstaunliches Haus mit einer Reihe kreativster Ideen, das definitiv nicht kopierbar ist.

WICHTIGE BAUDATEN

Bauaufgabe: Neubau für eine Familie
Standort: Alken/Belgien
Bauzeitraum: 2003
Grundstücksfläche: ca. 750 m²
Wohnfläche: ca. 220 m²
Bauweise: Stahlbeton, Holz und Glas
Baukosten: keine Angaben

1

2

3

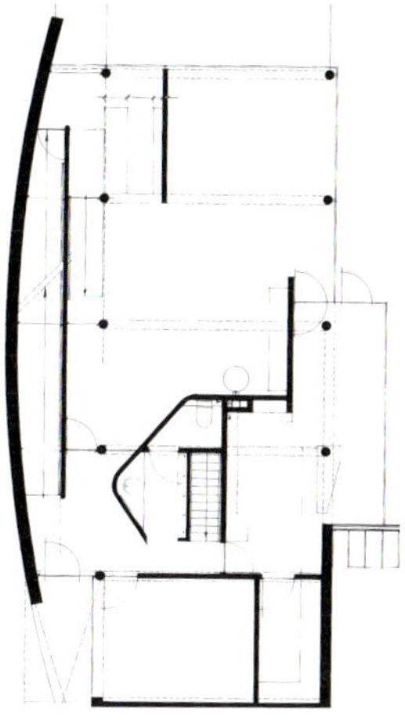
Grundriss Ebene 0

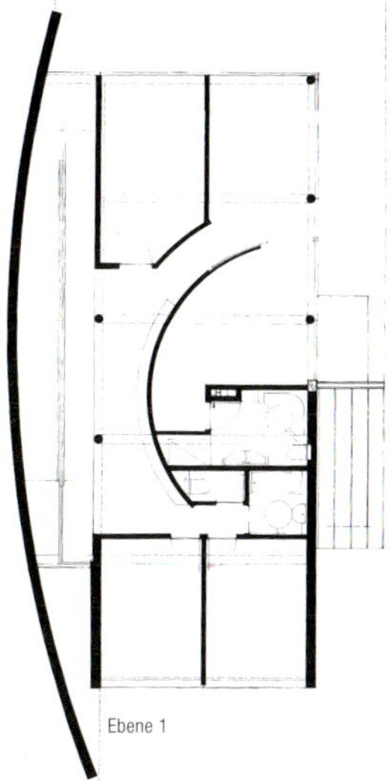
Ebene 1

KLAR ODER SCHEMENHAFT

Der belgische Architekt Bart Lens versucht seinen Projekten stets eine besondere, individuelle Qualität beizugeben, die über das bloße Herstellen von gebautem Material hinausgehen. Beim Haus im belgischen Asse kam zu der Überplanung des Bestands (1) die Hinzufügung eines lang gestreckten gläsernen Kubus, der die Nähe einer kleinen Baumgruppe sucht. Als Wohn- und Arbeitsatelier genutzt, ist das Leben in diesem Haus stimmungsvoller kaum zu denken. Aufgrund der fast durchgehend verglasten Fassaden und des Zurücktretens konstruktiver Elemente meint man, sich in einer Waldlichtung zu befinden und vergisst die Trennungslinien zwischen Innen- und Außenraum (2). Auf der Traufseite des bestehenden Satteldachhauses inszenierte der Architekt Transparenz auf eine nochmals ganz andere Weise, indem eine vor die Fassade gestellte satinierte Glasscheibe das Gebäude wie durch einen Nebelschleier durchscheinen lässt. Je nach Besonnung, Lichtstimmung und Tageszeit breiten sich vor dem Auge des Betrachters die unterschiedlichsten Tableaus aus. Ein großes, der Glasfront vorgelagertes Wasserbecken verstärkt den Effekt dieser architektonischen Inszenierung durch die mannigfachen Spiegelungen von Gebäude, Scheibe , Bäumen und Himmel (3). Zudem können die Bewohner mittels eines zwischen Becken und Glasscheibe geschalteten Holzdecks die Atmosphäre unmittelbar genießen. Hier überschreitet die Architektur die Grenze vom Sachlichen zu gebauter Poesie.

1

2

WICHTIGE BAUDATEN

Bauaufgabe: Überplanung eines Einfamilienhauses
Standort: Asse/Belgien
Bauzeitraum: 2003–2004
Grundstücksfläche: ca. 700 m²
Wohnfläche: ca. 240 m²
Bauweise: Massiv und Glas
Baukosten: keine Angaben

3

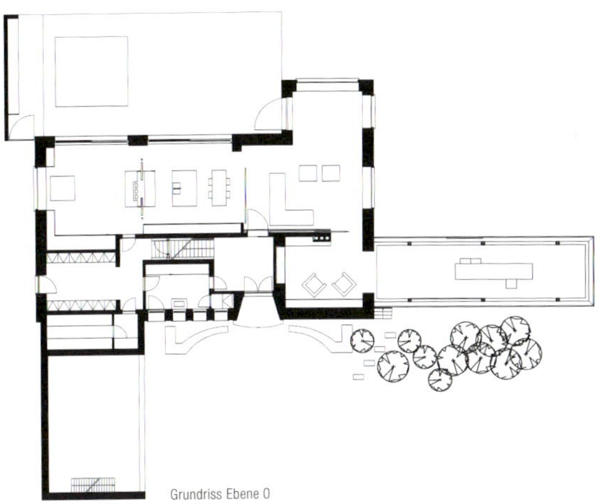

Grundriss Ebene 0

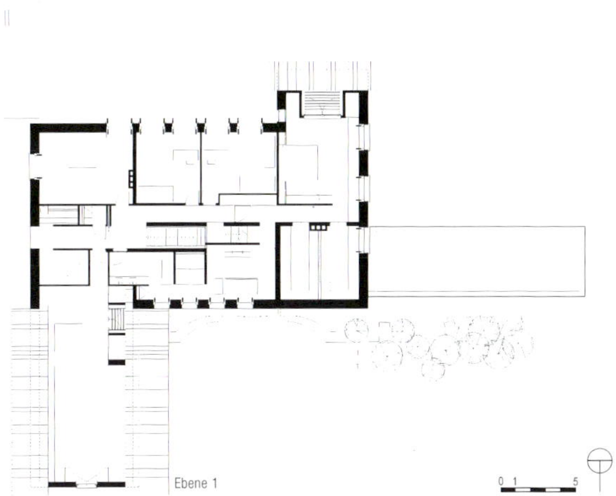

Ebene 1

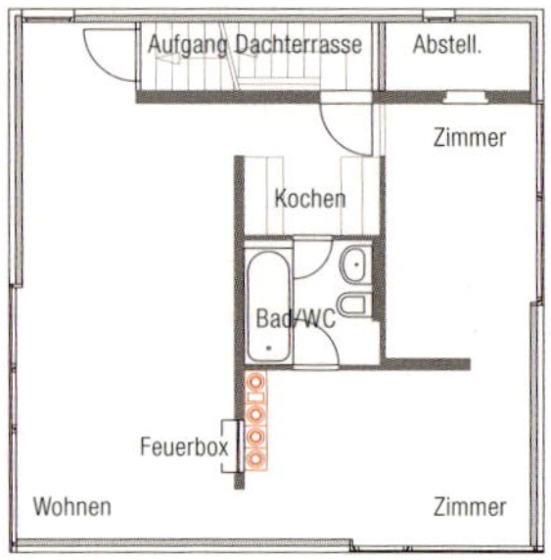

Obergeschoss

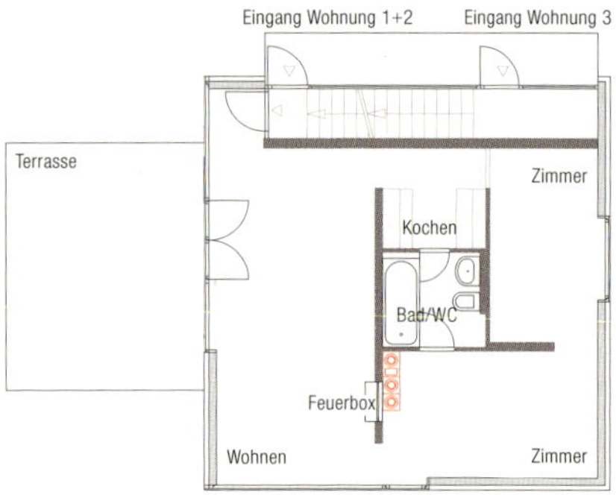

Erdgeschoss

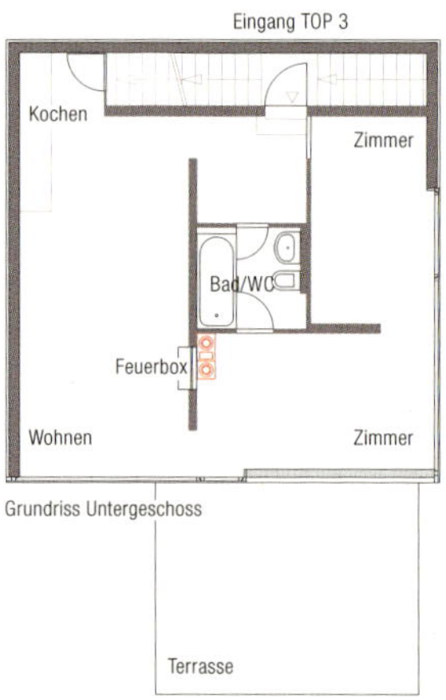

Grundriss Untergeschoss

DER WOHNTURM IM WALD

Am Waldrand von Innsbruck fand der Bergsteiger und Himalaya-Experte Rudi Alexander Mayr nach langer Suche den Platz, der seinen Vorstellungen entsprach. In naturnaher Lage am Ausgang der Kranebitterklamm, eingerahmt von Wald und Bergen, bietet ihm das Haus nun eine perfekte Möglichkeit, sich von seinen Touren zu erholen und neue Projekte in Ruhe vorzubereiten. Da die Baubestimmungen nur ein kleines Baufenster vorsahen, entwarfen die Architekten Manzl Sandner für den Bauherrn ein turmartiges Gebäude, das heute in drei Wohneinheiten geteilt ist (2/3). Der Bauherr bewohnt die oberste Etage, hat aber später die Möglichkeit, diese mit den übrigen nun vermieteten Einheiten zu einem Einfamilienhaus zusammenzufügen. Zwei Stahlbetonscheiben im Zentrum des Hauses – Bad/WC und Küche – bilden den Kern und das Traggerüst, an dem die Leichtbauwände angehängt sind. 10 Zentimeter starke Fermacell-Platten mit Dämmschicht und Grobputz bilden die Außenwände und dienen gleichzeitig als »Leinwand« für den vom Künstler Jörg Dialer entwickelten und aufgebrachten schwarzen Feinputz. Große Fensterflächen (1), die von den Künstlern Lies Bielowski und Ype Limburg mit verfremdeten Blattstrukturen farbig bedruckt wurden, korrespondieren mit den geschlossenen schwarzen Außenwandflächen. Im Inneren ermöglicht der um den Kern angeordnete, überwiegend offene Grundriss eine optimale Raumausnutzung. Jedes Wohnzimmer ist mit einem offenen Kamin, einer«Feuerbox« des Künstlers Gebhard Schatz ausgestattet. Das gleichzeitig als Klimapuffer wirkende Treppenhaus ist Platz sparend auf der Nordseite untergebracht. Ein Turm, der sich nicht aus der Natur erhebt, sondern mit ihr zusammengewachsen zu sein scheint. Die rundum überzeugende Architektur wurde 2005 mit dem Preis »Das beste Haus« ausgezeichnet, der von der Österreichischen Bausparkasse und der Kunstselektion des Bundeskanzleramts vergeben wird.

WICHTIGE BAUDATEN

Bauaufgabe: Neubau eines Hauses für einen Single mit vermietbaren Wohnungen
Standort: bei Innsbruck/Tirol
Bauzeitraum: 2000–2001 (9 Monate)
Grundstücksfläche: 504 m^2
Wohnfläche: 161 m^2
Umbauter Raum (BRI): 741 m^3
Bauweise: Mischbauweise (Stahlbetonkern mit Leichtbauwänden)
Baukosten gesamt: keine Angaben

1

2

3

WEISSER TREPPENKUBUS ÜBER DEM MEER

1

2

Inszenierungen in der Architektur sind nicht selten eine zweischneidige Sache. Stehen sie im Dienst eines überzogenen Selbstdarstellungsanspruchs und bedienen sie sich etwa historistischer oder unzureichend durchdachter moderner Elemente, wird nur selten ein wirklich gutes Ergebnis entstehen. Das Einfamilienhaus im spanischen Baiona entstand dagegen ganz im Geiste der Bescheidenheit und Klarheit, künstliche Effekte sucht man hier vergebens. Hoch über der Küste errichtet, blickt das Gebäude über von Strandkiefern gesäumte Hügel bis weit aufs Meer hinaus (3). Reste eines Vorgängerbaus aus unverputztem Naturstein dienten als Unterbau wie auch als wirkungsvoller Gegenpol, der dem aufgesetzten weißen Kubus eine erdige, raue Seite gegenüber stellt (4). Dem Bauherrn und Architekten Javier Marino war nicht an einer Selbstinszenierung, sehr wohl aber an der präzisen Gestaltung von Außen- und Innenraum im Geiste formaler Zurückhaltung gelegen. Die in massivem Weiß und Corten-Stahl gehaltene Toreinfahrt schafft zusammen mit einer Mauer und der Garage einen Vorhof, der auf das sich darüber erhebende Haus einstimmt. Die lange gerade Aufgangstreppe wie auch die Innentreppe gestalten den Aufstieg als Erlebnis, ohne im Mindesten prätenziös zu wirken. Klein bemessene und sparsam gesetzte Fassadenöffnungen, deren Laibungen im Bereich der Altsubstanz weiß abgesetzt sind, betonen die kubischen Grundformen. Allein die zum Meer gerichtete Seite des obersten von drei Geschossen öffnet sich ganz dem Ausblick. Im Inneren dominieren weiße Flächen und klassisch modernes Mobiliar (1/2). Ein Haus in Traumlage, das sich bis zum Äußersten eindeutig zeigt, dem Dialog mit der besonderen Umgebung verpflichtet ist und mit höchstem Können Räume bildet, ohne nach Anerkennung zu heischen.

WICHTIGE BAUDATEN

Bauaufgabe: Neubau auf Resten eines Vorgängerbaus für eine Familie
Standort: Baiona/Nordwestspanien
Bauzeitraum: 2004 (10 Monate)
Grundstücksfläche: 2.477 m^2
Wohnnutzfläche: 320 m^2
Bauweise: Massiv (Außenwände und Decken Stahlbeton, Innenwände Ziegelmauerwerk)
Baukosten gesamt: keine Angaben

3

4

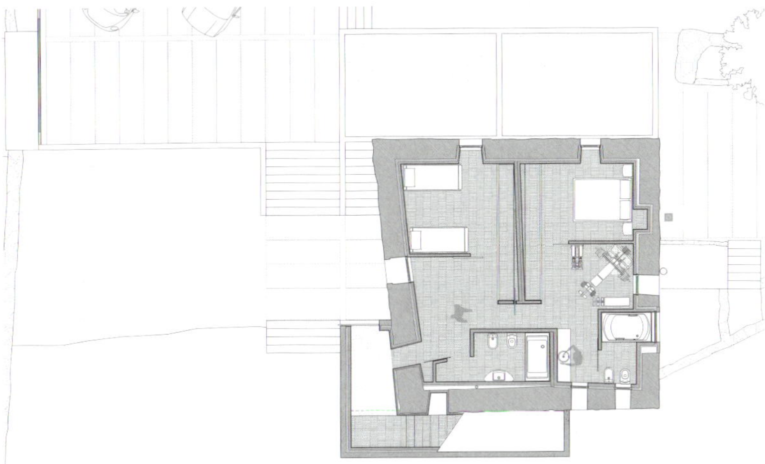

Grundriss Erdgeschoss

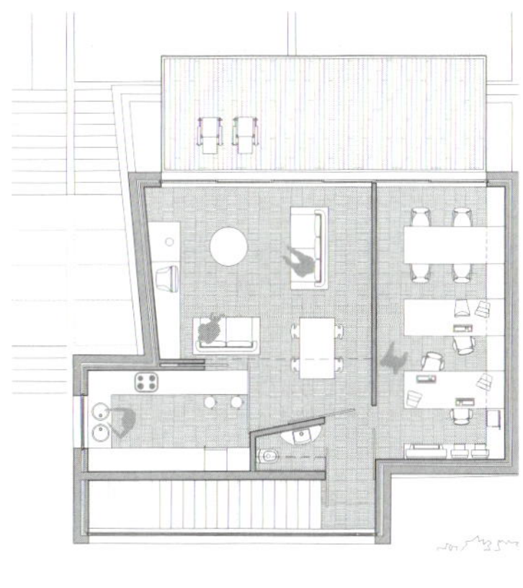

Obergeschoss

GEBAUTE KUNST AUF LANZAROTE

Die Kanareninsel Lanzarote gibt seit Jahrzehnten immer wieder Anlass, sich ihrer zeitgenössischen Architektur zuzuwenden. Der berühmte Architekt und Künstler César Manrique ist hier nicht der Einzige, der traditionelle und zeitgenösssiche Baukultur auf einen höchst kreativen gemeinsamen Nenner gebracht hat. Auch viele jüngere Architekten wie etwa Martin Martin unternehmen es in ihrem Werk mit Erfolg, die Moderne in einen regionalen Kontext zu setzen. Das für einen Journalisten und eine Ärztin geplante Wohnhaus besitzt völlig unterschiedliche Seiten, die einerseits durch Naturstein-Sichtmauerwerk und schmale Fensterbänder, andererseits durch verputzte, weiß gekalkte Mauern und große Fensterflächen gekennzeichnet sind (2/3). Der inseltypische, schwarz-braune Vulkanstein tritt außen wie innen in produktiven Kontrast zum strahlenden Weiß (3). In der perspektivischen Ansicht wird deutlich, dass die kunstvoll eingesetzten, aufeinander zu, parallel oder voneinander weg laufenden Lineaturen und Kubaturen innerhalb der Umgrenzungsmauer unterschiedlichste Hofsituationen, Terrassenräume und ein vielgestaltiges Raumerlebnis erzeugen – durchaus auch im Inneren des Gebäudes, wo die Räume bis hin zum weit nach oben geöffneten Kinderzimmer immer neue Situationen erscheinen lassen (1). Die Wandscheibe der Eingangsfassade mit dem vorgesetzten Treppen- und Brüstungsblock fächert sich zusammen mit den daran anschließenden Flügeln des Hauses gleich den Fingern einer Hand auf. Ein Architektur-Werk, das der Bautradition der Insel alle Ehre macht.

1

2

WICHTIGE BAUDATEN

Bauaufgabe: Neubau für eine Familie mit Kindern
Standort: Lanzarote/Kanarische Inseln
Bauzeitraum: 2004–2005 (10 Monate)
Grundstücksfläche: 526 m^2
Wohnfläche: 237 m^2
Umbauter Raum (BRI): 725 m^3
Bauweise: Massiv
Energiekonzept: solare Energieversorgung über Fotovoltaik/Sonnenkollektoren
Baukosten: keine Angaben

3

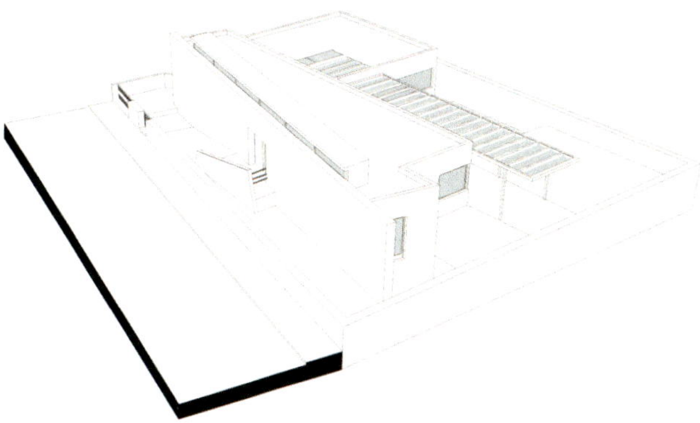

Axonometrie

Grundriss Erdgeschoss

KLEINE STRUKTUR ALS BLICKFANG

Homogene Strukturen erhalten oft erst die ihnen zugedachte Aufmerksamkeit und Bedeutung, wenn sie durch ein dezidiert anderes Element betont und zu diesem in Zusammenhang gesetzt werden. Das bestehende Wohnhaus mit dem nach außen sichtbaren, für die Kanareninsel Lanzarote kennzeichnenden braun-schwarzen Bruchsteinmauerwerk bekam einen weißen Kubus eingeschrieben, der die Architektur des Bestands mittels seiner Andersartigkeit nachhaltig betont (1/3). Einerseits zur Erweiterung des Wohnraums gedacht, entstand durch die Erweiterung eine zusätzliche, in sich ruhende Raumqualität. Nicht nur die Fassaden, sondern auch die bandartigen Fensterstrukturen setzen den neuen Baukörper vom Bestehenden ab. Die Fensterbänder sind so bemessen und angeordnet, dass man beim Sitzen am Arbeitstisch ungehindert nach draußen blicken kann. Ausblick auf unberührte Natur ist ebenso möglich wie auf die gänzlich andersartige Natursteinfassade, der Rückzugscharakter des Raums bleibt ungeachtet der großzügigen Belichtung stets gewahrt (2). Ein kleiner Erweiterungsbaustein mit großer Wirkung.

WICHTIGE BAUDATEN

Bauaufgabe: Neubau eines Wohn- und Arbeitsstudios
Standort: Lanzarote/Kanarische Inseln
Bauzeitraum: 2003–2004 (8 Monate)
Grundstücksfläche: ca. 6.000 m^2
Wohnfläche neu: ca. 39 m^2
Umbauter Raum (BRI): 205 m^3
Bauweise: Massiv
Energiekonzept: solare Energieversorgung über Fotovoltaik/ Sonnenkollektoren
Wohnfläche neu: ca. 25 m^2
Baukosten: ca. 39.500 Euro

1

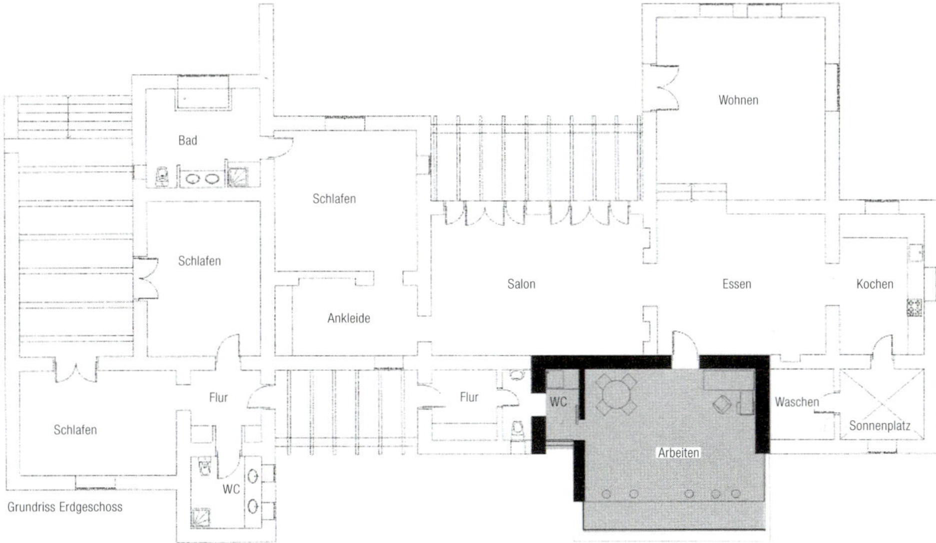

Grundriss Erdgeschoss

2

3

DAS NÖTIGSTE MIT HÖCHSTEM ANSPRUCH

Bei diesem Haus galt es, sowohl mit den finanziellen als auch mit den baulichen Ressourcen gut zu haushalten und dennoch ästhetisch auf hohem Niveau zu arbeiten. Entsprechend musste die geschaffene Wohnfläche knapp, aber bestmöglich ausgenutzt sein. Über einem vollwertigen Kellergeschoss entstanden zwei Wohnebenen, die der Raumausnutzung wegen mit klaren Grundrissen ausgestattet sind. Die obere Ebene (2) profitiert zudem davon, dass die Räume bis zum First reichen und damit größer wirken. Einbauschränke schaffen Stauraum, Leichtbau-Innenwände machen die Räume leicht veränderbar. Zwei der Kinderzimmer befinden sich wie das Elternzimmer im Dachgeschoss, für das dritte konnte dank des ansonsten offenen Grundrisses im Erdgeschoss Platz geschaffen werden. Die Kubatur zeigt sich mit dem Verzicht auf Dachüberstände, Erker und andere unnötige – übrigens auch kostensteigernde – bauliche Elemente äußerst reduziert, jedoch architektonisch qualitätvoll (1/3). Die flache Dachneigung spart zusätzlich Ressourcen und fügt sich wie das Haus als Ganzes harmonisch in das natürliche wie gebaute Umfeld ein. Ein kleines Einfamilienhaus mit höchst geradlinigem äußerem Erscheinungsbild und optimalem Kosten-Nutzen-Verhältnis.

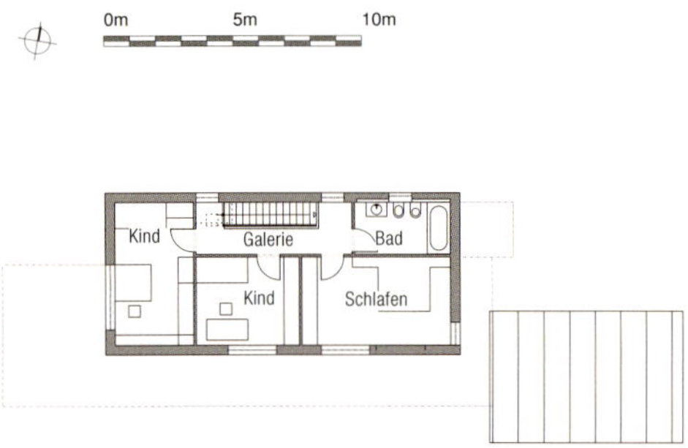

Obergeschoss

WICHTIGE BAUDATEN

Bauaufgabe: Neubau für eine Familie mit drei Kindern
Standort: Wertingen/ Bayerisch-Schwaben
Bauzeitraum: 2000-2001
Grundstücksfläche: 735 m²
Wohnfläche: ca. 127 m²
Umbauter Raum (BRI): 739 m³
Bauweise: Massiv (Ziegel-Fertigteil-Wandelemente und Stahlbeton)
Energiekonzept: Gas-Brennwerttherme
Baukosten gesamt: ca. 140.000 Euro

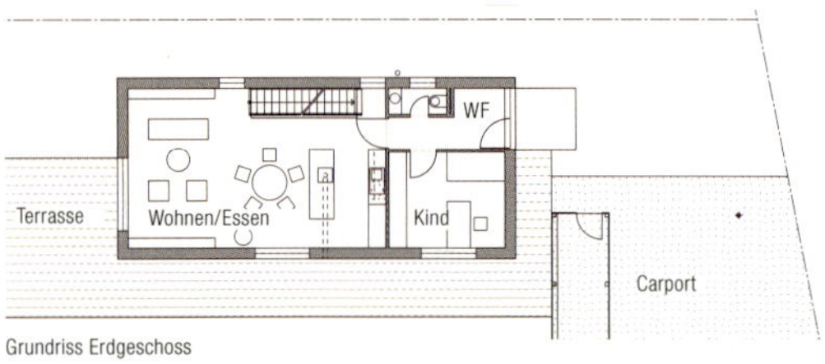

Grundriss Erdgeschoss

1

2

3

1

2

3

EINE FASSADE ALS SONNENFILTER

So gewohnt der Typus des Spitzdachhauses grundsätzlich ist, so ungewöhnlich präsentiert er sich doch beim Einfamilienhaus in der Nähe von Bad Wörishofen (1). Die der Straße zugewandte Traufseite fällt dem Besucher bereits von Weitem ins Auge. Für so viel Aufmerksamkeit sorgt eine auf beiden Geschossen vor die Terrasse beziehungsweise den Balkon montierte Schiebeladen-Konstruktion mit ihren Füllungen aus schräg gerichteten Holzlamellen. Diese sind so geneigt, dass sie die steil einfallenden sommerlichen Sonnenstrahlen abhalten, während die Wintersonne ungehindert die Räume erwärmen kann (3/5). Auf der unteren Ebene lassen sich die Läden nach Bedarf verschieben und so die Helligkeit und das Erscheinungsbild der Fassaden gezielt steuern. Noch auffallender als der sonnenschutztechnische und energetische Effekt dieses Systems ist sein ästhetischer Reiz: Auf dem Balkon und in den angrenzenden Räumen entstehen tages- und jahrszeitlich unterschiedliche Licht- und Schatteneffekte mit faszinierender Wirkung (3). Die – ursprünglich aus baurechtlichen Erwägungen entstandene – Besonderheit besteht hier darin, dass die Schiebeládenkonstruktion nach Süden als äußere Hülle die Gesamtkubatur des Gebäudes bestimmt. Die Zweigeschossigkeit erlaubt es, auf Dachaufbauten und Dachflächenfenster zu verzichten und die Geschlossenheit des Daches zu wahren. Im Inneren setzt sich die längs der Fassade laufende Struktur in Form süd- wie nordseits laufender Erschließungswege fort, zwischen denen die lediglich durch Wandscheiben getrennten Wohn-, Ess-, Koch- und Spielbereiche angeordnet sind (2/4). Das Erdgeschoss ist somit zugleich durchgängig und funktional strukturiert. Die Treppe zum Obergeschoss bildet die Abgrenzung zwischen westlichem Kinderreich und östlichem Elterntrakt. Praktische Einbauschränke im langen Gang sorgen für reichlich Stauraum, der direkt den jeweiligen Zimmern zugeordnet ist.

WICHTIGE BAUDATEN

Bauaufgabe: Neubau für eine Familie mit zwei Kindern
Standort: bei Bad Wörishofen/Bayern
Bauzeitraum: 2004 (6 Monate)
Grundstücksfläche: 878 m^2
Wohnfläche: 151 m^2
Umbauter Raum (BRI): 919 m^3 inklusive Kellergeschoss
Bauweise: Holzständerbauweise, Keller in Stahlbeton
Energiekonzept: Erd/Sole-Wärmepumpe, dezentrale Einzelraumlüfter mit Wärmerückgewinnung, Solarkollektoren zur Warmwasserbereitung
Jahresheizwärmebedarf: ca. 45 kWh/m^2
Baukosten: keine Angaben

Grundriss Erdgeschoss

Obergeschoss

WOHNERLEBNIS UM DEN POOLHOF

Bestandsgebäude können auch bei sehr weitgehenden Neubaumaßnahmen in die Planung einbezogen werden, ohne die gestalterische Einheitlichkeit der Architektur zu beeinträchtigen. Eine solche Lösung besitzt zumeist deutliche Kostenvorteile gegenüber einem Komplettabriss. Die hier eingesparten Finanzmittel werden dann meist besser für ein hohes Architektur- und Ausstattungsniveau eingesetzt. Im vorliegenden Fall wurde der bauliche Kern eines bestehenden Einfamilienhauses als Ausgangspunkt für einen großen, westseitigen Anbau, eine Erweiterung im Eingangsbereich (2) und die Aufstockung eines Flachdachbaukörpers auf der Südseite genutzt. Die so entstandene L-Form fasst den dazwischen liegenden Gartenraum mit einem dort neu eingebauten Schwimmbecken zu einem beschützten Innenhof (3). Damit entstand ein zwei Geschosse hoher, großflächig verglaster Wohnbereich mit direktem Zugang zur Terrasse und zum Pool (4). Auf der oberen Ebene findet sich nun ein Raumzusammenhang aus einem zum Garten orientierten Schlafzimmer, einem Arbeitsbereich und einer Wellnesslandschaft mit großem Bad, frei stehender Wanne, schiefergefliester Dusche und Sauna (1). Weiches, durch Dachsheds einfallendes Licht verleiht diesem Bereich eine höchst angenehme Atmosphäre. Die verschiedenen Räume sind durch Leichtbauwände voneinander getrennt, bleiben aber durch in Überkopfhöhe angeordnete Glasbänder und Schiebetüren auch visuell Teil eines Ganzen. Nach Westen lassen sich Einblicke und Sonnenstrahlen bei Bedarf mittels außenbündig mit dem Balkon gesetzter Holzschiebeläden fernhalten. Der gartenseitige Neubau dagegen nutzt zur Temperierung der Innenräume ein außen liegendes textiles Verschattungssystem. Ein ausgezeichnetes Beispiel dafür, wie aus Resten baulichen Bestands hochwertige neue Architektur mit hoher Aufenthaltsqualität entstehen kann.

WICHTIGE BAUDATEN

Bauaufgabe: Teilneubau für ein Ehepaar
Standort: bei Landsberg a. Lech/Bayern
Bauzeitraum: 2005–2006 (12 Monate)
Grundstücksfläche: 731 m²
Wohnfläche gesamt: 258 m²
Umbauter Raum (BRI): 1.590 m³ (inklusive Kellergeschoss)
Bauweise: Massivbauweise im Erdgeschoss, Holzständerbauweise im Obergeschoss
Energiekonzept: Öl-Niedertemperaturheizung
Jahresheizwärmebedarf: ca. 84 kWh/m²
Baukosten: keine Angaben

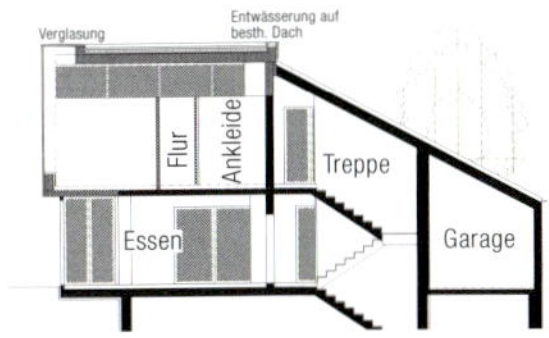

Schnitt

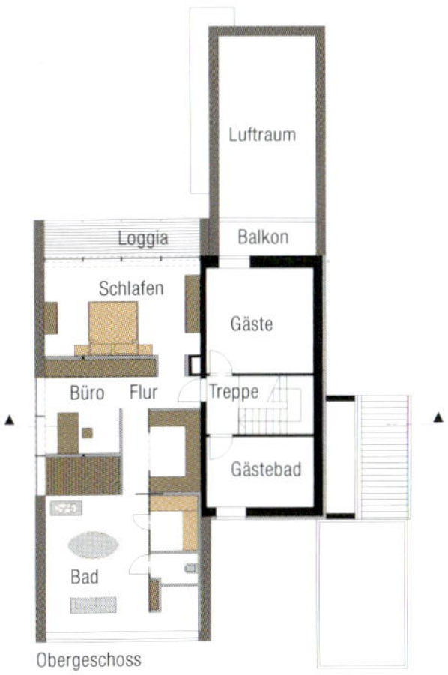

Obergeschoss

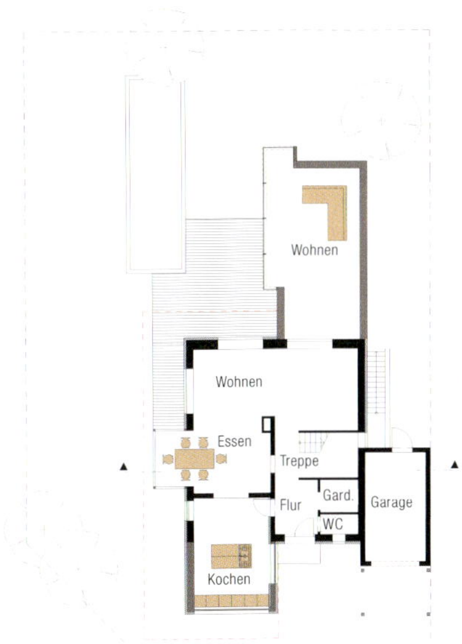

Grundriss Erdgeschoss

3

4

PASSIV-TRAUMHAUS AM WEINBERG

Als Holzelementbau auf einem betonierten Untergeschoss errichtet, streckt sich das Haus der Familie Metzler mit seiner oberen Etage dem Tal entgegen. Die Fichtenholzschalung ist auf den Schmalseiten so gestaltet, dass durch die Zwischenräume Licht auf den Balkon und in den Wohnraum fallen kann, wo auf diese Weise reizvolle Licht- und Schattenspiele entstehen (2).

Das Gebäude erfüllt den Schweizer Minergie-P-Standard für Passivhäuser. Dafür sorgen genau aufeinander abgestimmte Komponenten – bis hin zum Chemineeofen im Ateliergeschoss. Dort steht in einem riesigen Raum mit 96 Quadratmetern Fläche reichlich Platz für inspiriertes Arbeiten zur Verfügung. Waschplatz und WC verschwinden hinter schwarzen Holzschiebewänden. Über eine gewendelte Treppe (3) geht es zum Eingangsgeschoss, das ausschließlich dem Wohnen mit der Familie vorbehalten ist. Bis hin zum Wirtschaftsraum sind auf dieser Ebene alle notwendigen Funktionen untergebracht. Strukturell viergeteilt, finden sich zunächst der hangseitige Eingang (1) mit Erschließungszone, dann die Einzelräume mit Kinder- und Schlafzimmern sowie Bad, als letzte »Innenraumzone« dann der Wohn-, Ess- und Kochbereich (4). Die Innenarchitektur mit Wandverschalungen aus OSB-Platten – teils noch zu Regalmöbeln erweitert – kann als ebenso spannend wie einfach und kostengünstig bezeichnet werden (4). Der unter die Dachkonstruktion gehängte Balkon setzt die Raumabfolge gleichsam nach Süden fort. Seine Tiefe von 2,50 Metern macht ihn optimal nutzbar. Die Kinder spielen hier vor ihren Zimmern, der Bereich dient als Frühstücks- und Essplatz und auch als trockener Abstellraum. Ein äußerst vielseitiges Haus, das reichlich Fläche auf zwei Etagen bietet und in der Raumausnutzung, Innenraumgestaltung und Energieeffizienz Maßstäbe setzt. Und dies trotz großer Fläche zu einem außerordentlich günstigen Preis!

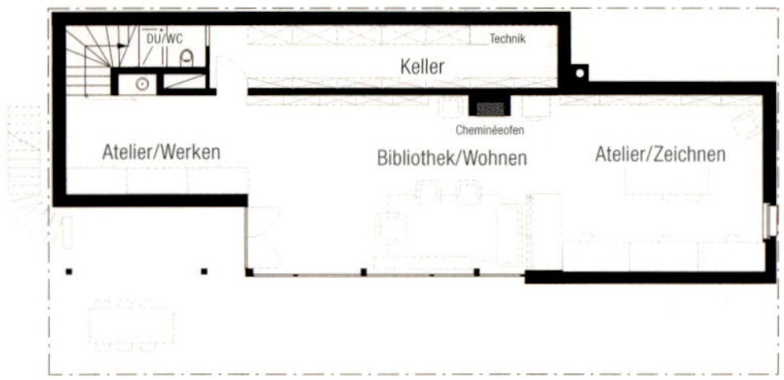

Ateliergeschoss

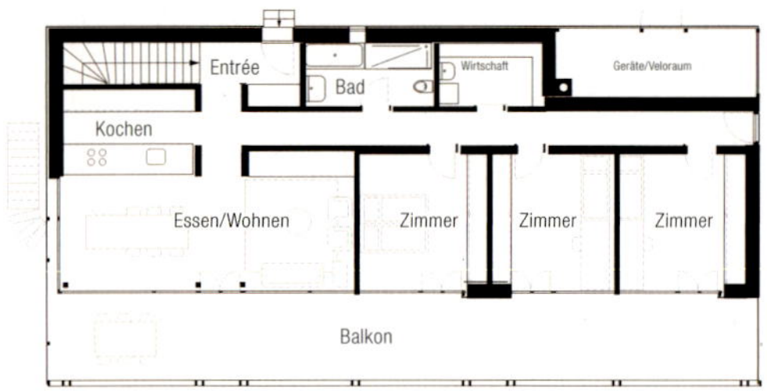

Grundriss Wohngeschoss

N

1

WICHTIGE BAUDATEN

Bauaufgabe: Neubau für eine Familie mit zwei Kindern
Standort: bei Frauenfeld/Kanton Thurgau
Bauzeitraum: 2005 (5 Monate)
Grundstücksfläche: 618 m^2
Wohnfläche: 240 m^2 (zuzüglich 65 m^2 Balkon und Terrassen)
Umbauter Raum (BRI): 1.350 m^3
Bauweise: Mischbauweise (Untergeschoss Stahlbeton, Erdgeschoss Holzelementbauweise)
Energiekonzept: Passivhaustechnik mit hoch effizienter Wärmedämmung, passiver Nutzung der Sonnenergie, Lüftungsanlage mit Wärmerückgewinnung, Chemineeofen
Jahresheizwärmebedarf: ca. 12,8 kWh/m^2, Schweizer Minergie-1-Standard
Baukosten gesamt: ca. 600.000 sFr

EINEM BOOTSHAUS GLEICH

1

2

Eine Auszeit von den gewohnten Lebensumständen sollte im Idealfall immer auch mit einer Abkehr von insbesondere städtisch vorgeprägten Gestaltungskonzepten einhergehen und gleichzeitig die Nähe zur Natur suchen. Traditionelle Formen von Bootshäusern mit aufnehmend und gleich diesen mit dem Giebel zum Wasser orientiert, entwarfen die beauftragten Architekten Modersohn & Freiesleben an einem brandenburgischen See ein schlichtes und doch ungemein spannendes Gebäude für eine Familie mit zwei Kindern. Am Hang gelegen, bietet sich ein weiter Ausblick auf den gesamten See. Ein traufhoher Zaun umgürtet das Haus und schafft so ähnlich wie bei den Anwesen in der Nachbarschaft eine sehr dichte bauliche Struktur, die sich mittels dreier Holzschiebetore öffnen lässt (2). Holz als bestimmender Baustoff wird ebenso wie die übrigen Materialien – etwa unbehandelter Fließestrich als Bodenbelag, ungespachtelte und ungestrichene Gipskartonplatten als Innensicht und Faserzementplatten für die Bedachung – in möglichst rauer, unveredelter Ausführung eingebaut. Konstruktionselemente bleiben offen sichtbar, um die Strukturen des Tragwerks nachvollziehbar zu halten. Ansonsten meist im Industriebau eingesetzte Polycarbonat-Stegplatten vermeiden auf den Traufseiten direkte Einblicke, lassen aber viel Licht nach innen dringen. Zum See hin dominieren große Glasflächen. Das Einraumkonzept lässt direkte Sichtbezüge von nahezu jeder Stelle im Gebäude aus zu (1). Die Kinder erhielten eigene, dem straßenseitigen Giebel zugeordnete Schlafnischen unter der Galerie, im »Hauskern« befinden sich Badezimmer und Hausanschlussraum. Ansonsten lebt man in diesem Ferienhaus miteinander und mit der Natur, durch die weit unter das Dach eingezogene Giebelwand entstand eine komfortable Loggia mit hohem Aufenthaltswert. Mit der kompletten Öffnung der Faltschiebetüren auf der Wasserseite wird gleichsam der gesamte Innenraum zur »Loggia« (3).

WICHTIGE BAUDATEN

Bauaufgabe: Neubau eines Ferienhauses für eine Familie mit zwei Kindern
Standort: Brandenburg
Bauzeitraum: 2003–2004 (5 Monate)
Grundstücksfläche: 650 m²
Wohnfläche: 88 m² (zuzüglich 120 m² Terrassen)
Umbauter Raum (BRI): 375 m³
Bauweise: Holztafel-/Holzriegelbauweise
Energiekonzept: Gasbrennwerttherme, Wärmeabgabe über Fußbodenheizung
Jahresheizwärmebedarf: ca. 100 kWh/m²
Baukosten gesamt: ca. 135.000 Euro

3

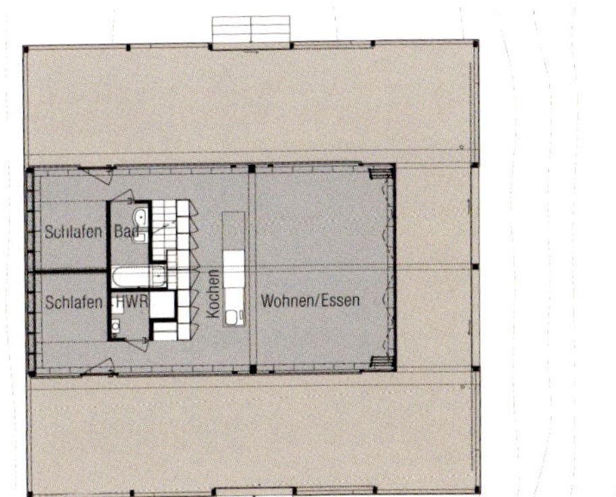

Grundriss Erdgeschoss

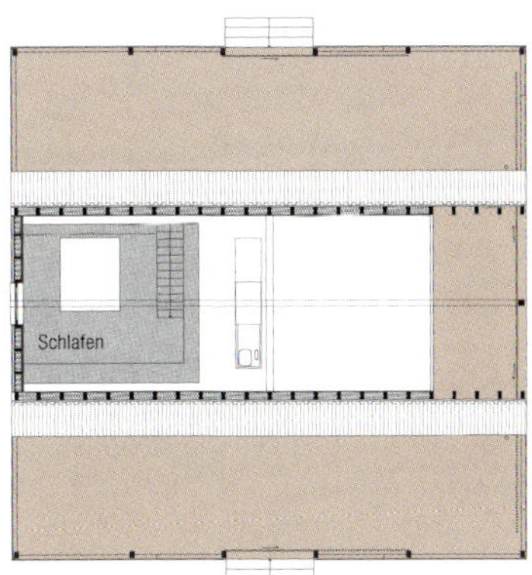

Empore

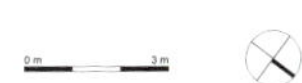

EIN GENERATIONENHAUS MIT FUTURISTISCHEN NEIGUNGEN

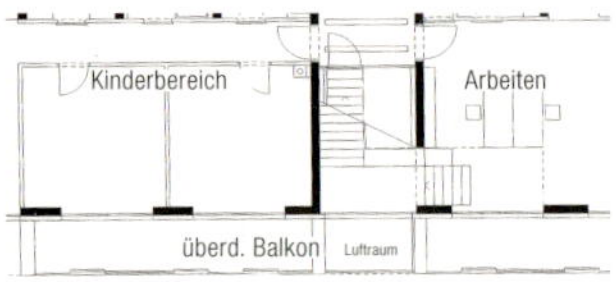

Obergeschoss

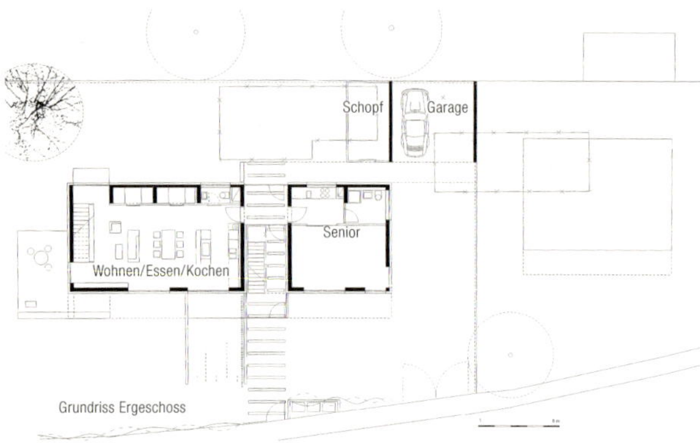

Grundriss Ergeschoss

Den Münchner Architekten Sandra Baur, Niko Rinkes und Rupert Mühl stellte sich beim Projekt für die Familie Teppert die Aufgabe, aus den komplexen Vorgaben eine außergewöhnliche Architektur zu entwickeln und diese in einen existierenden Wohnbereich einzupassen. Die Familie Teppert wohnt nun mit ihren beiden Söhnen im Trakt links des Eingangs, der in das verbindende und gleichzeitig separierende »Wintergarten-Treppenhaus« führt (2). Rechter Hand befindet sich im Ober- und Dachgeschoss das Büro des Bauherrn, darunter die Einliegerwohnung des Vaters mit ebenfalls separater Türe. So sind die verschiedenen Einheiten angemessen verbunden und separiert, Familientrakt und Büro jeweils in sich vertikal verknüpft. Spätere alternative Nutzungen und Grundrissveränderungen sind jederzeit möglich. Die Treppen sind überwiegend so geplant, dass diese auch ihre Funktion als Regale beziehungsweise als Schrankeinheiten für Bücher und vielerlei Alltagsgegenstände erfüllen und daher keinen Platz verschenken (3). Die Möbeltreppe nimmt die Medientechnik und Beleuchtung auf und bildet im Dachgeschoss den Abschluss des Schlafbereichs.
Im Äußeren kann das Satteldachgebäude seine Erscheinung mittels Stahlgeflecht-Schiebeläden chamäleonartig verändern (1). Was im Grunde dem Schutz vor Überhitzung und vor Einblicken dient, konstituiert somit auch eine ungemein spannende und wandlungsfähige Kubatur. Hierzu tragen nicht zuletzt die unterschiedlich geneigten Dachflächen bei, die im Norden im Hinblick auf bestmögliche Raumausnutzung, im Süden hinsichtlich der besten Neigung für die integrierten Solarkollektoren geplant wurden. Hellgraue Faserzementplatten – hier in ungewöhnlicher Manier für Dach wie auch Fassaden eingesetzt – binden den oberen Bereich zu einer Art geometrischer Figur zusammen, der dunkle Sockel stellt hierzu den Kontrapunkt dar (4).

WICHTIGE BAUDATEN

Bauaufgabe: Neubau für eine Familie mit Kindern, mit separatem Bürotrakt und Einliegerwohnung
Standort: bei München
Bauzeitraum: 2003–2004 (12 Monate)
Grundstücksfläche: 677 m²
Wohnfläche: 289 m² zuzüglich 107 m² Nutzfläche
Umbauter Raum (BRI): 1.644 m³
Bauweise: Massiv (Ziegelmauerwerk)
Energiekonzept: Brauchwassererwärmung mittels dachintegrierter Solarkollektoren, passive Wärmegewinne
Jahresheizwärmebedarf: ca. 63 kWh/m²
Baukosten gesamt: keine Angaben

2

3

4

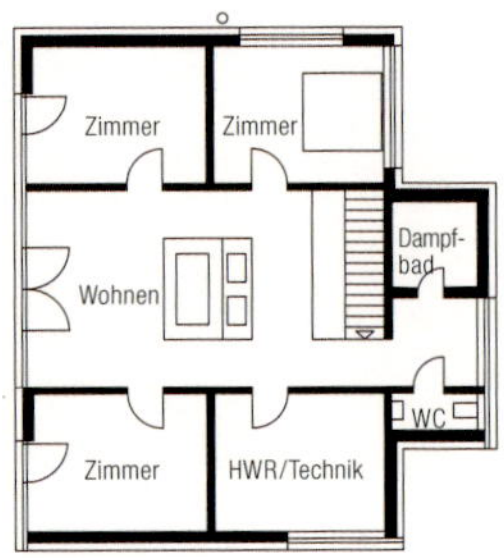

Obergeschoss

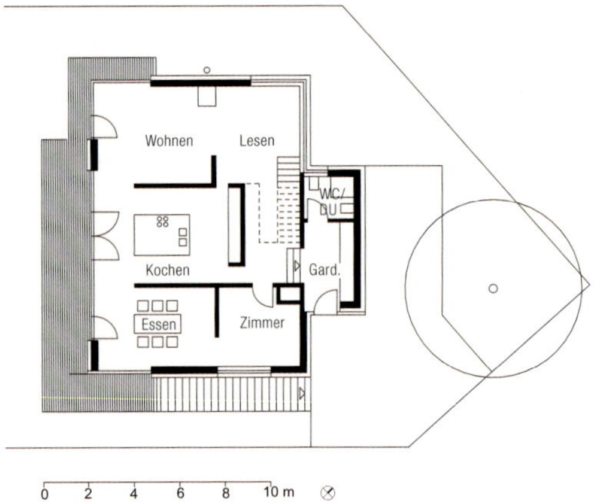

Grundriss Erdgeschoss

1

ROSTIG RAU UND ELEGANT

Das Einfamilienhaus in Ulm ist nicht ganz wie andere Häuser, es ist in gewisser Weise ein Außenseiter. Das beginnt schon mit der äußeren Hülle, die sich der gängigen Sichtweise ebenso entzieht wie der üblichen Materialwahl. Hier ergänzen sich streng geometrische Flächen mit dem erdverbundenen warmen Farbenspiel der rostigen Fassadenplatten zu einer harmonischen Einheit. Die Rauheit der Stahlplatten im Äußeren, die durch die großen Glasflächen auf der Südwestseite etwas abgemildert ist (2), korrespondiert mit einer großen Klarheit des Innenraumcharakters. Hochwertiges Mobiliar und Kunst sind punktuell und wirkungsvoll gesetzt (5). Im großen, kombinierten Schlafzimmer-Bad mit den Leitmaterialien Massivholz und Schiefer fängt eine Waschtisch-Spiegel-Einheit mit erhöhter Entspannungsliege den Blick (4). Nicht ganz gewöhnlich auch die Raumorganisation mit einer zentralen großen »Lebens-Küche« zum Kochen, Hausaufgaben machen, Arbeiten und vielem mehr, der beidseits die Funktionen Wohnen/Lesen und Essen zugeordnet sind. Auf der zweiten Wohnebene nimmt ein zusätzlicher, der Entspannung dienender Wohnraum mit angeschlossenem Dampfbad die zentrale Position ein und fungiert gleichzeitig als Verteiler für die einzelnen Eltern- und Kinderzimmer. Nicht genug mit außergewöhnlicher Architektur- und Wohnqualität, handelt es sich hier auch um ein zertifiziertes Passivhaus mit hoch effizienter Dämmung und extrem geringem Energieverbrauch – somit in jeder Hinsicht ein Wohnhaus für das 21. Jahrhundert.

WICHTIGE BAUDATEN

Bauaufgabe: Neubau für eine Familie als zertifiziertes Passivhaus
Standort: Ulm/Baden-Württemberg
Bauzeitraum: 2004–2005 (10 Monate)
Grundstücksfläche: 928 m^2
Wohnfläche: 230 m^2 (zuzüglich 49 m^2 Nutzfläche im Untergeschoss)
Umbauter Raum (BRI): 966 m^3 (ohne Untergeschoss)
Bauweise: Massivbauweise (Ziegelmauerwerk, Stahlbetondecken) mit hinterlüfteter Stahlfassade (Corten)
Energiekonzept: Gasbrennwerttherme, Wärmeabgabe über Fußbodenkonvektoren mit Einzelraumsteuerung, mechanische Be- und Entlüftungsanlage mit Wärmerückgewinnung und Erdwärmetauscher, Kaminofen (mit Unterdruckabschaltung der Lüftungsanlage)
Jahresheizwärmebedarf: ca. 13 kWh/m^2
Baukosten: keine Angaben

2

3

4

5

DAS FERIENHAUS – EIN ALTERNATIVENTWURF

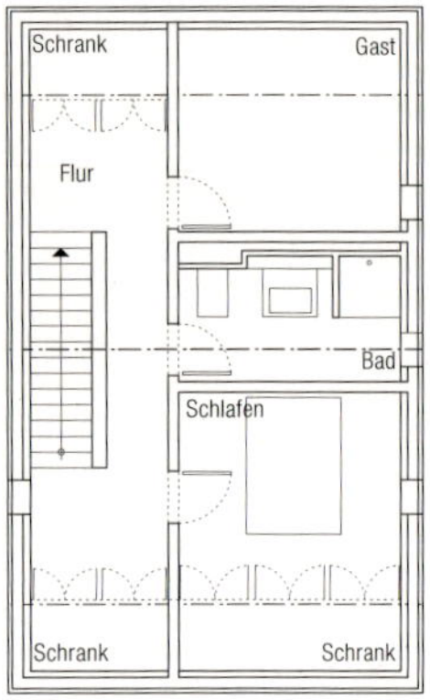

Dachgeschoss

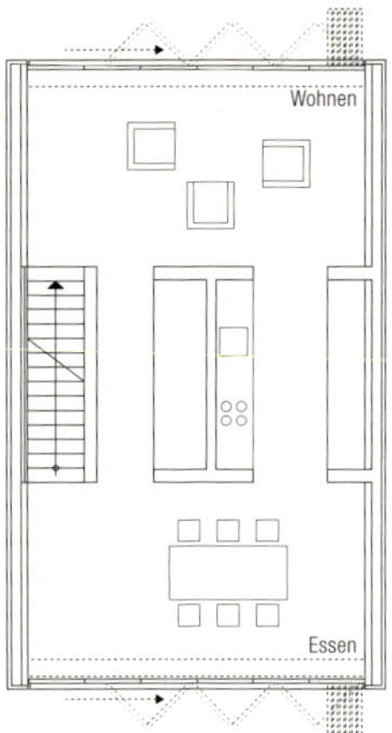

Erdgeschoss

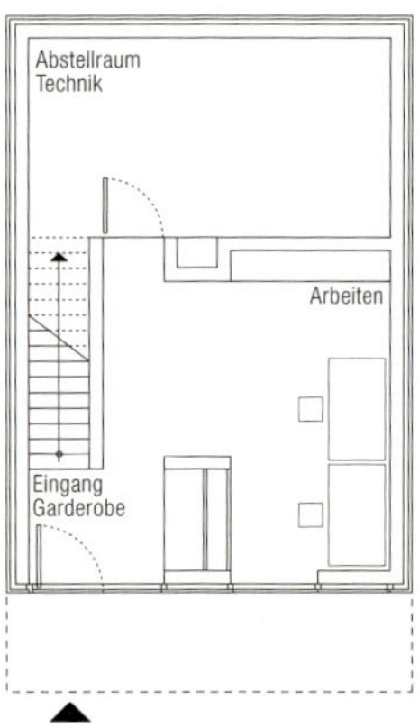

Grundriss Eingangsebene

Ist ein Rückzugsort in naturnaher Umgebung zu planen, stellt sich schon einmal die grundsätzliche Frage, ob das Gebäude eher traditionellen Gebäudeformen verpflichtet sein soll oder sich durchaus zeitgemäß geben darf. Die Bauherren des Hauses am See entschieden sich eindeutig für die letztere Variante, wie schon unschwer an der metallenen Gebäudehaut und der abgewinkelten Dachform erkennbar (1). Dabei wurde aber das Planungskonzept der Architekten, Sonja Starke und Michael Viktor Müller, maßgeblich durch die Vorzüge der Lage und die naturnahe Umgebung bestimmt. Zunächst sorgt die Dreigeschossigkeit des Gebäudes mit den erhöht situierten Wohnebenen dafür, dass der Ausblick auf das Wasser und die Landschaft der Ruhreifel von fast jeder Stelle im Haus möglich ist. Das Hauptwohngeschoss kann seeseitig bei schlechter Witterung oder an kühleren Tagen durch ein fast über die ganze Fassadenbreite reichendes, flexibles Fensterband ziehharmonikaartig auf- oder zugefaltet werden (2/4). Diese Fassadenöffnung findet seine Entsprechung auf der Hangseite. Die dorthin ausgerichteten Bereiche sind damit bestens belichtet, besitzen aber einen im Vergleich zur bühnenartigen Südseite bewusst eher introvertierten Charakter (3). Die Raumstruktur im Inneren zeigt sich wohltuend einfach: Im Erdgeschoss ist lediglich die Treppe mit einer Wandscheibe vom Wohn- und Essbereich abgeteilt, das Dachgeschoss beherbergt die Schlafräume. Die Außenanlagen sind im vorgefundenen naturnahen Zustand belassen worden, nur das kleine Ferienhaus zeigt sich als unauffällig moderner Solitär in der idyllischen Eifellandschaft.

WICHTIGE BAUDATEN

Bauaufgabe: Neubau eines Ferienhauses
Standort: Ruhreifel/ Nordrhein-Westfalen
Bauzeitraum: 2005 (ca. 4 Monate)
Grundstücksfläche: ca. 3140 m², davon 551 m² Bauland
Wohnfläche: ca. 97 m² (ohne Untergeschoss)
Umbauter Raum (BRI): 522 m³
Bauweise: Untergeschoss Stahlbeton, obere Geschosse Holzrahmenbauweise
Energiekonzept: Gas-Brennwerttherme
Jahresheizwärmebedarf: ca. 11,50 kWh/m²
Baukosten gesamt (ohne Architektenhonorar): ca. 168.000 Euro

1

2

3

4

WUNDER-VILLA ÜBER DEM LAGO MAGGIORE

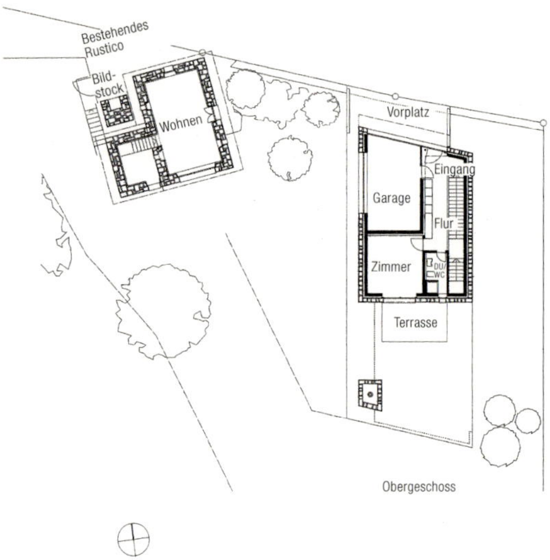

Obergeschoss

Wohlverstandene Bodenständigkeit kann im Ergebnis zu vollendeter zeitgemäßer Architektur führen – so bewiesen von dem großzügigen Zweitwohnsitz, den Architekt Hans Peter Oechsli für ein Unternehmerehepaar hoch über dem Lago Maggiore geplant hat. Hier, auf dem weitläufigen Hanggrundstück mit Traumblick über den See und die Landschaft des Tessin entstand ein innen wie außen ganz in Granitstein aufgemauertes Haus, das sich somit den Bautraditionen der Region öffnet. In seiner Grundgestalt klar und kubisch, fügt es sich doch wie selbstverständlich in sein Umfeld ein (1). Zum Grundstück gehört ein im Zuge der Baumaßnahmen restauriertes und umgebautes Rustico, das heute als Gästehaus dient, sowie ein alter, wieder in Benutzung genommener Weinkeller. Die Altbauten besitzen wie das neue Wohnhaus Wände aus Naturstein. Das Terrain des Geländes ist nur wenig verändert worden, um die natürliche Morphologie so weit als möglich zu erhalten. Der Hausherr restauriert sogar Schritt für Schritt die alten, teils verfallenen Hangterrassen, um sie dann mit typischer Flora des Lago Maggiore zu bepflanzen. Einen intensiven visuellen Austausch mit Garten, Natur und See suchen auch die Innenräume. Nach Süden und Westen prägen große, raumhohe Glasflächen den Wohn- und Essbereich (3/4), der Kamin bildet hier gleichsam den ruhenden Pol. In einem etwas zur Bergseite hin abgerückten »Separee« lugt aus einer quadratischen Wandöffnung die Küche hervor (4), in der die Ehepartner oft und gern ihrer lukullischen Passion frönen. Das wichtigste raumbildende Element der Villa ist die mit einem Oberlichtband (2) wirkungsvoll nachgezeichnete und belichtete Treppe, die das unterste Wohngeschoss mit Schlaf- und Eingangsgeschoss verbindet. Gleich einem Wasserfall verteilt sich somit die Helligkeit im Raum, von ganz oben bietet sich ein direkter, magisch zu nennender Ausblick in den Wohnbereich und auf den See.

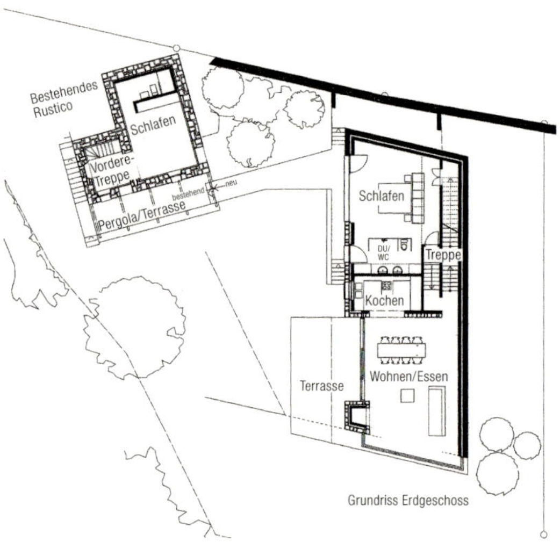

Grundriss Erdgeschoss

WICHTIGE BAUDATEN

Bauaufgabe: Neubau für ein Ehepaar
Standort: am Lago Maggiore/Tessin
Bauzeitraum: 2001–2002 (14 Monate)
Grundstücksfläche: ca. 2.000 m^2
Wohnfläche: ca. 200 m^2
Umbauter Raum (BRI): 1.700 m^3
Bauweise: Massiv (Wände zweischaliges Natursteinmauerwerk, Decken und Dach Stahlbeton)
Baukosten: keine Angaben

1

2

3

4

MODERNE UNTER BRITISCHEM EINFLUSS

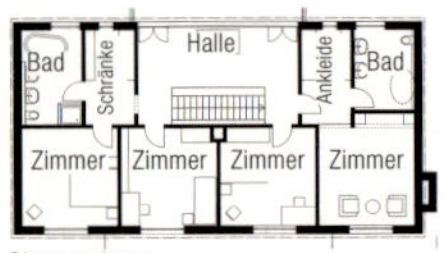

Obergeschoss

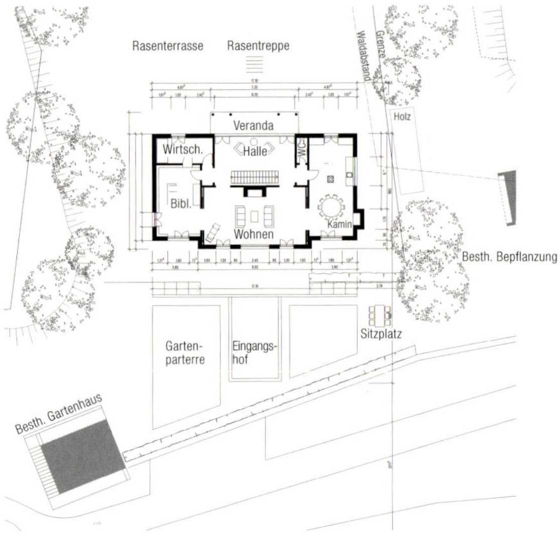

Grundriss Erdgeschoss

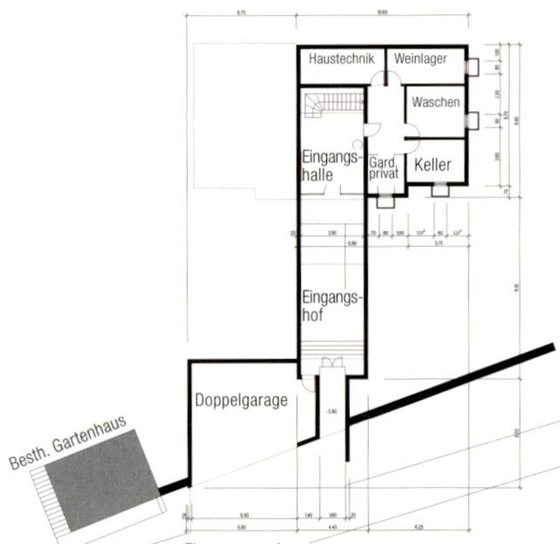

Eingangsgeschoss

Betrachtet man die Wohnhäuser von Hans Peter Oechsli, fällt bei durchgehend exzellenter Qualität ihre bemerkenswerte Individualität auf. Wie sich in jedem Haus die Persönlichkeit der Bauherrnschaft widerspiegeln sollte, so ist das hier vorgestellte Haus zutiefst von der Lebenswelt der Eigentümer geprägt. Lange Jahre in Großbritannien spiegeln sich in klassischen, teils palladianisch beeinflussten Fassaden- und Grundrissstrukturen, im Interior Design und in der Gartengestaltung wider, ohne dass die Prinzipien moderner Architektur aufgegeben würden. Schon der zentrale, beidseits von weiß blühenden Gehölzen gesäumte Zugang des Hauses im Untergeschoss ist eine großartige Inszenierung, die aber ohne jede effekthascherische Geste auskommt. Auf der rückwärtigen Seite des Gebäudes werden Architektur und Garten vollends zur kunstvoll inszenierten Einheit: Unter einem mittigen Terrassenvordach führen Treppenstufen zwischen je zwei betonierten Rundsäulen hindurch den anschließenden steilen Hang hinauf. Im hausnahen Bereich mit englischem Rasen flächig gestaltet und nur mit Buchshecken akzentuiert, geht der Garten fast unmerklich in die freie Natur über. Vor der imposanten Gartenarena liegt gleich der Bühne eines griechischen Theaters das Wohnhaus, dessen Treppenhaus den Dachbereich in Form einer verglasten Laterne durchstößt (2). Das Innere des Hauses lebt die Tradition britischer Wohnkultur in ihrer anspruchvollsten Form – bis hin zu den historischen Wandfarben mit ihren harmonischen Naturtönen (3). Helle Farben dominieren dabei an der Fassade (1) und an den südwärts gewandten Räumen wie dem Wohnzimmer, dunkle Farben in den Zimmern mit Rückzugscharakter. In der Gesamtschau entstand hier ein wirklich einzigartiges Wohnhaus mit gleichwertig hochstehender Gestaltung in Architektur wie Gartenanlage, das sich stilistischen Schubladisierungen frech entzieht.

WICHTIGE BAUDATEN

Bauaufgabe: Neubau für eine Familie mit Kindern
Standort: bei Schaffhausen/Kanton Schaffhausen
Bauzeitraum: 2002–2003 (12 Monate)
Grundstücksfläche: 2.190 m²
Wohnfläche: 310 m²
Umbauter Raum (BRI): 1.760 m³
Bauweise: Massivbauweise (Ziegelmauerwerk und Stahlbeton)
Energiekonzept: Wärmepumpe mit Erdsonden, nachgedämmte Gebäudehülle
Jahresheizwärmebedarf: ca. 20.000 kWh/a
Baukosten: keine Angaben

1

2

3

BODENSTÄNDIG UND GANZ VON HEUTE

Dass das hier vorgestellte Haus der Familie Hackenberg ein Traumhaus ist, lässt sich bei der Betrachtung der Fotografien unschwer erkennen. Und es hat sogar die verbindliche Bestätigung dafür erhalten, ein regional orientiertes und zukunftsfähiges Gebäudekonzept zu besitzen. Das hier errichtete Gebäude entstand aus einem Entwurf, der im Allgäu-Haus-Wettbewerb im Jahre 1998 den ersten Platz belegt hatte. Es verband und verbindet in seiner vorliegenden Form traditionelle Elemente wie ein flach geneigtes Satteldach, einen weiten Dachüberstand und Holzbauweise mit einer sehr heutigen Geradlinigkeit und Eindeutigkeit (3/4). Zukunftsträchtig ist insbesondere das nachhaltige Energiekonzept, das allein auf dem – auch hierin dem Vorbild traditioneller Allgäuer Häuser nachempfunden – zentral im Erdgeschoss (2) aufgestellten Holzofen und der fassadenmontierten Solarkollektoranlage beruht. Zusätzlich nutzt man selbstverständlich die an Sonnentagen zu verzeichnenden Wärmegewinne durch die großen südseitigen Glasflächen aus. Die südwestliche Übereckverglasung öffnet den gemäß dem Geländeverlauf eingetieften westlichen Wohnbereich zur Landschaft. Die Treppe (1) erscheint insbesondere am Abend als auffallendes senkrechtes Lichtband. Ein Familienhaus mit wohliger Wohnatmosphäre und hoher Zukunftssicherheit.

1

2

WICHTIGE BAUDATEN

Bauaufgabe: Neubau für eine Familie mit Kindern
Standort: bei Oberstdorf
Bauzeitraum: 2005 (4 Monate)
Grundstücksfläche: ca. 500 m^2
Wohnfläche: ca. 132 m^2
Bauweise: Holzbauweise (Massivholzbohlen)
Energiekonzept: Zentraler Holzofen und Fassadenreflektoren, passive Nutzung der Sonnenenergie
Jahresheizwärmebedarf: ca. 15 kWh/m^2
Baukosten gesamt: ca. 220.000 Euro

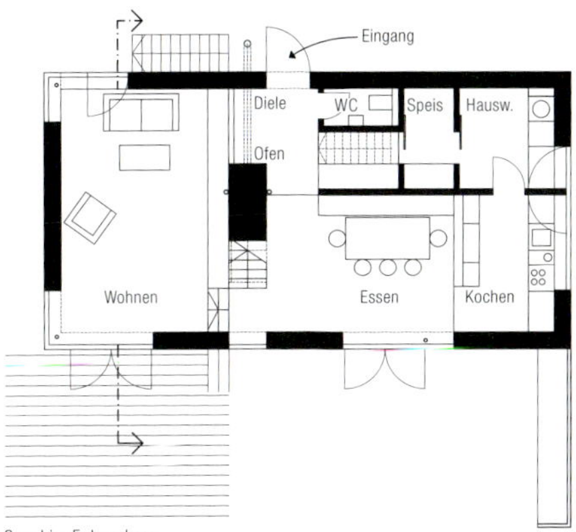

Grundriss Erdgeschoss

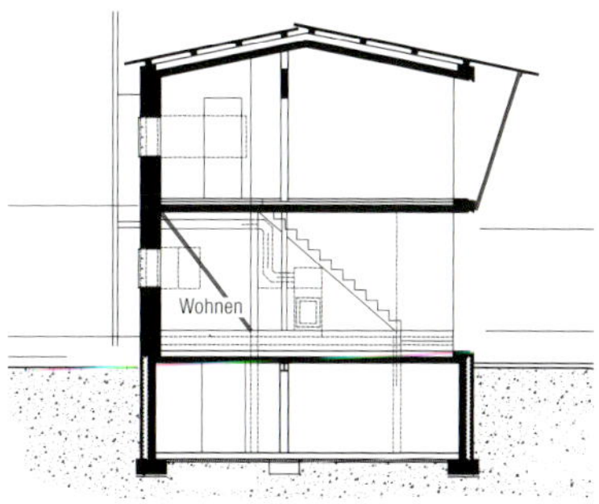

Schnitt

EINE VILLA MIT KOMFORT UND GERADLINIGKEIT

Bei diesem Bauprojekt entstand zwischen Bauherrschaft und Architekt ein fruchtbarer Prozess der Annäherung. Thema war die zeitgemäße Gestaltung einer großzügigen Stadtvilla in der besonderen Situation einer Ortsrandlage (3). Das aus diesem Diskurs entstandene Gebäude weist eine ausgesprochen hohe architektonische Eindeutigkeit im Äußeren und eine enorme Großzügigkeit im Inneren auf. Hier wird nichts zur Schau gestellt, alles wirkt wie selbstverständlich. Hierzu tragen nicht zuletzt die gewählten klaren Materialien und Strukturen bei. Der Auftrag, im Haus eine starke Ruhe- und Rückzugsfunktion als Gegenpol zu den Belastungen des Arbeitsalltags zu schaffen, ist vollständig geglückt. Der im Winkel der beiden Gebäudeflügel entstandene, durch eine Mauer abgegrenzte Innenhof schafft Privatheit und zusätzlichen Lebensraum im Freien (2). Die zum Innenhof orientierten Fassaden sind insbesondere im Bereich des Erdgeschosses großflächig verglast (1), die nach außen exponierten Seiten des Hauses dagegen weitgehend geschlossen ausgeführt. Ein Innenpool im Erdgeschoss bildet den Mittelpunkt einer »Entspannungslandschaft« für die ganze Familie. Entspannung und familiäres Miteinander werden bei dieser Stadtvilla durch die weithin offenen Grundrissstrukturen, die hervorragende Belichtung und die Privatheit schaffende Fassadengestaltung in idealer Weise ermöglicht. Die gestaffelte, lang gestreckte Kubatur überführt gleichsam die Architektur in die Landschaft. Und zur Abrundung des Konzepts besitzt die Villa ein hoch effektives Energiekonzept, der Heizwärmebedarf entspricht nahezu dem eines Passivhauses. Hierfür wurde das Gebäude mit der vom Land Tirol vergebenen Low-Energy-Trophy 2004 ausgezeichnet.

1

2

WICHTIGE BAUDATEN

Bauaufgabe: Neubau für eine Unternehmerfamilie
Standort: Kufstein/Tirol
Bauzeitraum: 2004
Grundstücksfläche: 1.350 m^2
Wohnnutzfläche: 325 m^2
Umbauter Raum (BRI): 2.790 m^3
Bauweise: Massiv (Ziegelmauerwerk)
Energiekonzept: Gas-Brennwerttherme, Warmwasserbereitung mit Solarkollektoren, kontrollierte Wohnraumbe- und entlüftung
Jahresheizwärmebedarf: ca. 20 kWh/m^2
Baukosten: keine Angaben

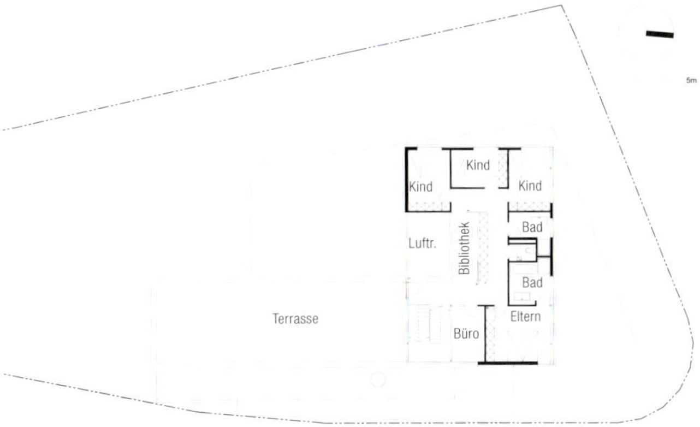

Grundriss Erdgeschoss

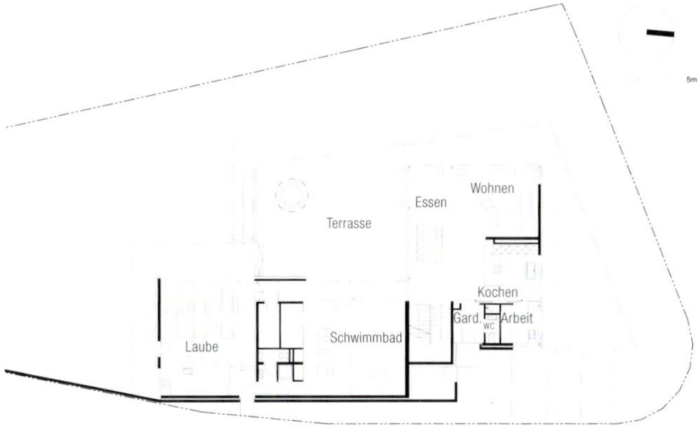

Obergeschoss

3

SCHWIERIGER BAUPLATZ – OPTIMALE LÖSUNG

Für die Wahl eines schwierig zu bebauenden Grundstücks kann es viele Gründe geben. Teils handelt es sich um ererbte Parzellen, teils besitzen sie eine überzeugende Lage, teils gibt aber auch der Preis den Ausschlag. Im vorliegenden Fall handelte es sich um das einzige im Ort verfügbare Grundstück; da der Bauherr gerne in seinem Heimatdorf bleiben wollte, lag es am beauftragten Architekten Andreas Orgler, an dieser Stelle ein Haus mit hohem Wohnwert zu planen (3). Eine nah vorbeiführende Landesstraße, eine Eisenbahnlinie und eine Autobahnbrücke in Sichtweite – die Antwort auf diese Umfeldbedingungen bestand darin, direkte Einblickmöglichkeiten von außen nach innen, insbesondere von der Landesstraße, dort durch kleine Fensterformate und über Kopf angeordnete Fensterbänder konsequent zu vermeiden. Ausblicke der Bewohner nach draußen sind durch die Anordnung der Glasflächen so gelenkt, dass weitgehend nur attraktive Punkte im Sichtfeld liegen. Die zur Straße orientierte Stahlbetonwand übernimmt Schallschutzfunktion und fungiert darüber hinaus als Traggerüst für die übrigen Wände. Im Inneren herrscht ein offener Raumzusammenhang, der die Funktionen Schlafen – Wohnen – Essen und Kochen zusammenführt (1/2). Diese sind ebenso wie der Sitzplatz im Freien auf der unteren, geschützten Ebene untergebracht, während untergeordnete Nutzungen wie Lagerräume, Haustechnik und Hobbyraum der Straßenseite zugeordnet wurden. Es entstand hohe Wohnqualität an einem Ort, der im Grunde als unbebaubar galt.

1

WICHTIGE BAUDATEN

Bauaufgabe: Neubau eines Wohnhauses
Standort: bei Vals/Tirol
Bauzeitraum: 2003–2004
Grundstücksfläche: 900 m²
Wohnnutzfläche: 140 m²
Umbauter Raum (BRI): 820 m³
Bauweise: Holz-Leichtbau
Energiekonzept: Holzpellets-Zentralheizung, Kachelofen
Baukosten gesamt: keine Angaben

2

3

Grundriss UG

Grundriss EG

WOHNARCHITEKTUR IM SELBSTVERSUCH

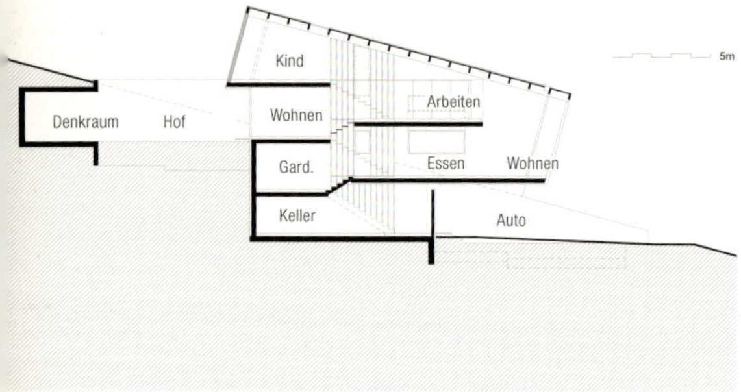

Schnitt

1

2

Das von Andreas Orgler für die eigene Familie geplante Haus ist zugleich Irritation und Faszination. In Kubatur und Fassadengestalt gegenüber den übrigen Anwesen des Ortes komplett aus der Art geschlagen (2/3), zeigt es sich auch im Inneren als ungewöhnliche, kaleidoskopartige Verknüpfung von Raumzusammenhängen und Raumerlebnissen (1). Basierend auf dem Grundkonzept des Einraumhauses entstand eine im Split-Level-System verwirklichte Struktur aus sieben unterschiedlichen Bereichen, die funktional und emotional definiert sind. Die Zonierung der einzelnen Bereiche erfolgt durch die gezielte Setzung architektonischer Elemente und vor allem durch den bewussten Einsatz von Materialien. Die großflächig verglaste, dem Tal zugewandte Hauptwohnebene kragt über das Parkdeck aus. Parallel zum Hang geht es hinauf zu einem quadratischen »Entspannungs«-Freiraum und einen damit verbundenen, gleichsam in den Hang hineingeschobenen »Denkraum«. Der Hauptwohnbereich insgesamt erstreckt sich über die gesamte Tiefe des Gebäudes. Darüber spannen sich gleich zwei niveauversetzten Brücken die Eltern- und eine halbe Etage höher die Kinderschlafebene. Ein maximal 2,20 Meter hohes, paraventartiges Möbel – und Trennsystem ersetzt in diesem Wohnhaus die Innenwände. Einzig das Bad ist als geschlossene Box ausgebildet. Die Treppenzone fungiert nicht nur als verbindende vertikale Erschließungsachse, sondern im Rahmen des Einraumkonzepts auch als wichtiger Schalldiffusor. Zudem finden im Bereich der Stiege auch die Bibliothek und die Kinderspiel- und Lesezone Platz.
Das äußerst ungewöhnliche Einfamilienhaus, das bewusst auch mit dem räumlichen Zusammenhang Innen-Außen spielt, wird von der Bauherrschaft ständig intensiv erlebt und an die veränderlichen Bedürfnisse angepasst – insofern ein formal vollendetes »work in progress«. Erkenntnisse aus dem eigenen »Raum-Forschungsvorhaben« zeigten bereits fruchtbare Wirkung und flossen in die Planung anderer Wohnbauten ein.

WICHTIGE BAUDATEN

Bauaufgabe: Neubau für eine Familie mit Kindern
Standort: Telfes/Tirol
Bauzeitraum: 1997–2000
Grundstücksfläche: ca. 475 m²
Wohnnutzfläche: 150 m²
Umbauter Raum (BRI): ca. 800 m³
Konstruktion: Massivbau mit Holzdachstuhl
Energiekonzept: Öl-Brennwerttechnik und Solarkollektoren zur Heizungsunterstützung
Jahresheizwärmebedarf: ca. 80 kWh/m²
Baukosten gesamt: ca. 230.000 Euro

Grundriss Ebene 1

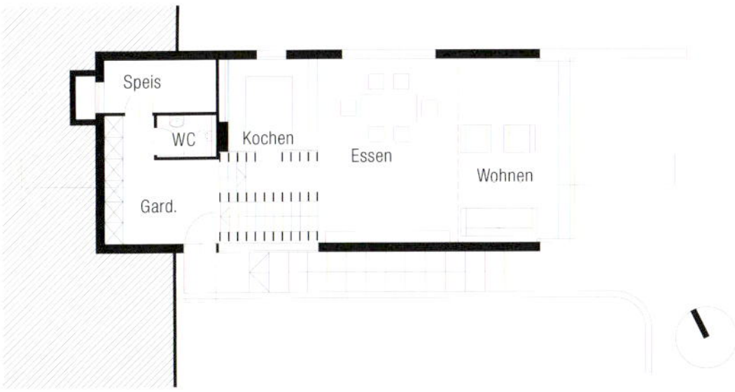

Grundriss Ebene 2

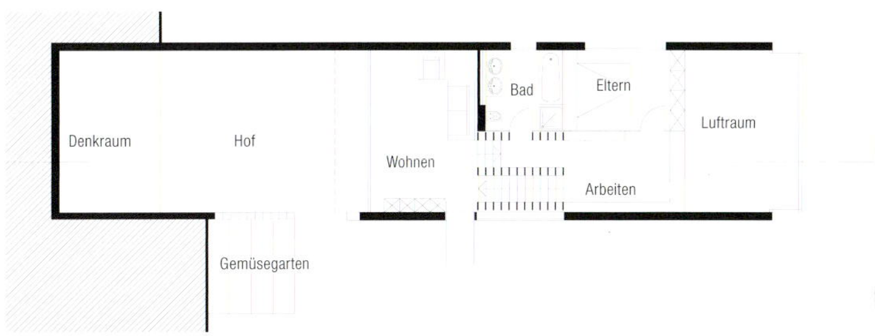

1

2

KLEINHAUS MIT GROSSEN IDEEN

Günstig bauen und hohe architektonische Innovation erreichen in Paris? Eine Aufgabenstellung, die mancher sicherlich als Quadratur des Kreises und als Ding der Unmöglichkeit abtun würde, hat Christian Pottgießer mit Bravour gelöst: für eine aus Mauritius stammende Hausangestellte entstand in einem Innenhof des 10. Arrondissements ein Kleinhaus aus Stahlbeton und Glas, dessen Entstehung sich sowohl hinsichtlich der Architektur und Innenarchitektur als auch der preislichen Gestaltung des Bauauftrags einem ganzheitlich kreativen Herangehen verdankt. Sich an das bestehende Mauerwerk lehnend, entstand ein erstaunlich individuelles Gebilde, das sogar ein kleines »Obergeschoss« mit Schlafplatz aufweist. Lösungen wie ausfahrbare Esstischeinheiten (1), alkovenartig eingeschnittene Ruhenischen und gezielt gesetzte Durchblicke machen das Kleinhaus zum Kleinod. Mittels der großen Verglasungen zum Innenhof herrscht im Inneren trotz der eng umstehenden fünfgeschossigen Gebäude lichte Helligkeit und ein Raumeindruck, der weit großzügiger ist als angesichts der geringen Wohnfläche zu vermuten (2/3). Ein ebenso außergewöhnliches wie gelungenes Architekturkunststück in der französischen Metropole.

WICHTIGE BAUDATEN

Bauaufgabe: Neubau eines Kleinhauses für einen Single
Standort: Paris, 10. Arrondissement
Bauzeitraum: 2003 (3 Monate, in Etappen)
Grundstücksfläche: ca. 30 m^2
Wohnfläche: ca. 34 m^2
Bauweise: Massiv (Stahlbeton)
Baukosten gesamt: ca. 53.000 Euro

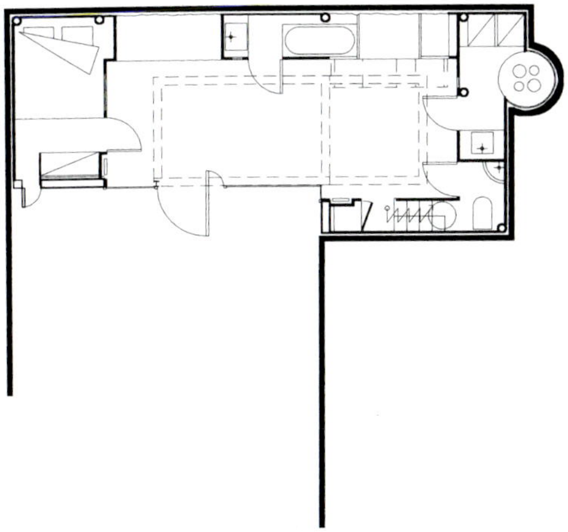

3

MUT ZUR LÜCKE

Ein Ding der Unmöglichkeit – dies war zumindest der erste Gedanke von Christian Pottgießer angesichts der ihm gestellten Aufgabe: In einem Hinterhof des 17. Pariser Arrondissements sollte ein großer Zubau mit allen notwendigen Wohnfunktionen entstehen – und bei alldem noch Gartenfläche übrig bleiben! Wo manch anderer sich vielleicht achselzuckend bedankt und den Schauplatz verlassen hätte, entwarf der seit mehreren Jahrzehnten in Paris ansässige Architekt ein wahrhaft außergewöhnliches Haus, das die übliche Gestaltung und Wahrnehmung des Raumes von Stadthäusern gegen den Strich bürstet. Vom straßenseitigen neuen Eingang gräbt sich das Gebäude maulwurfsartig in die Erde ein und wächst doch zwei Geschosse hoch über Straßenniveau hinauf (3). Dieses organische Emporstrecken versinnbildlicht eine im Haus wachsende und durch dessen Fenster nach außen wachsende Linde, die beim Bau neu gepflanzt worden ist – übrigens ein Geschenk des städtischen Gartenamts! Eine hausintegrierte »Glasvitrine« saugt förmlich Licht von oben ins Haus, beleuchtet damit den darin gedeihenden Baum und leuchtet gleichzeitig die Innenräume im einstmals dunklen Hinterhof reichlich aus. Der Erdboden verleiht seinerseits weniger Halt als dass er sich als begrünte Hügellandschaft in das Gebäude vorschiebt (2). Die Eingangsfassade besteht aus einem massiven und einem darunter fast immateriell transparent erscheinenden, gläsernen Erdgeschoss. Im Inneren schichten sich Entree mit Wintergarten, Koch- und Essbereich, zwei Wohnräume (1) und Heimkinoraum zu einem autarken Ganzen. Bis hin zum begrünten Dach scheint das Gebäude ein Organismus zu sein, der die Lebendigkeit zum Prinzip erklärt hat und doch eine Architektursprache von größtmöglicher Klarheit beherrscht.

1

2

WICHTIGE BAUDATEN

Bauaufgabe: Neubau als Erweiterung
Standort: Paris, 17. Arrondissement
Bauzeitraum: 2002–2003 (ca. 18 Monate)
Grundstücksfläche: ca. 180 m²
Wohnfläche: ca. 140 m²
Umbauter Raum (BRI): ca. 950 m³
Bauweise: Stahlbeton und Glas
Baukosten: keine Angaben

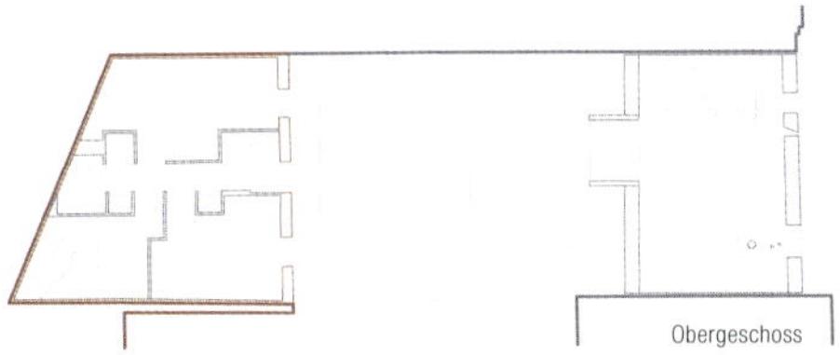

Obergeschoss

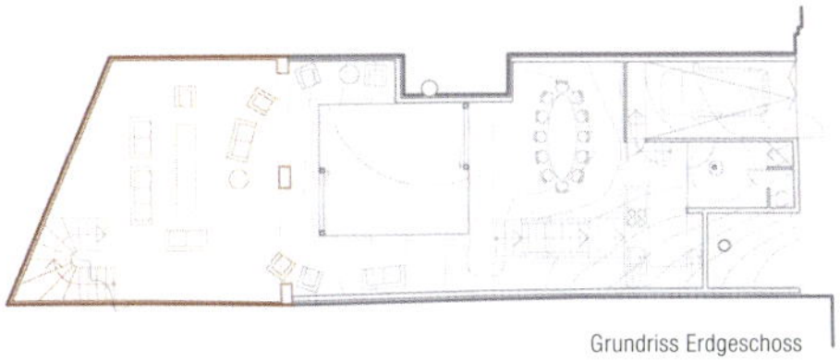

Grundriss Erdgeschoss

3

EIN NEUER LEBENSMITTELPUNKT IM GARTEN

Wird nach Möglichkeiten zur Wohnraumerweiterung gesucht, so geht es nicht immer nur um den puren Zugewinn an nutzbarer Fläche, sondern auch um eine neue Aufenthaltsqualität. Im Fall der Familie Seele hatten die Architekten Hans Schuller und Gerhard Tham bereits einige Zeit vorher den Dachbereich des bestehenden Wohnhauses aus- und umgebaut. Nun sollte ein neuer großer Wohnbereich mitten im parkähnlichen Garten entstehen, der gestalterisch ungewöhnlich sein und eine hohe Aufenthaltsqualität bieten sollte. Die Lösung der Planer war ein komplett in Holzkonstruktion erstellter, rundum verglaster frei stehender Erweiterungsbau mit Flachdach, dessen Innenraum weitestgehend flexibel gestaltet und genutzt werden kann (2/3). Auf der Nordseite ist dem Baukörper eine grüne Holzbox mit Küche, Essecke und Technikzentrale eingeschrieben, der südliche Teil kann als zusammenhängender Raum für Feste, als Wohn- oder als Musikraum dienen, lässt sich aber auch mittels stoffbezogener, mobiler Holztafeln nach Gusto in kleinere Einheiten unterteilen (1). Eine im Deckenrandbereich integrierte Farblichtanlage passt die abendliche Beleuchtung des Gebäudes chamäleonhaft dem jeweiligen Anlass an.

1

WICHTIGE BAUDATEN

Bauaufgabe: Neubau einer frei stehenden Erweiterung
Standort: bei Augsburg
Bauzeitraum: 2002 (6 Monate)
Grundstücksfläche: ca. 3.000 m²
Wohnfläche: ca. 95 m²
Bauweise: Holzrahmenbauweise und Glas
Energiekonzept: Mitversorgung durch die Zentralheizung des Hauptgebäudes
Jahresheizwärmebedarf: ca. 70 kWh/m²
Baukosten gesamt: ca. 175.000 Euro

2

3

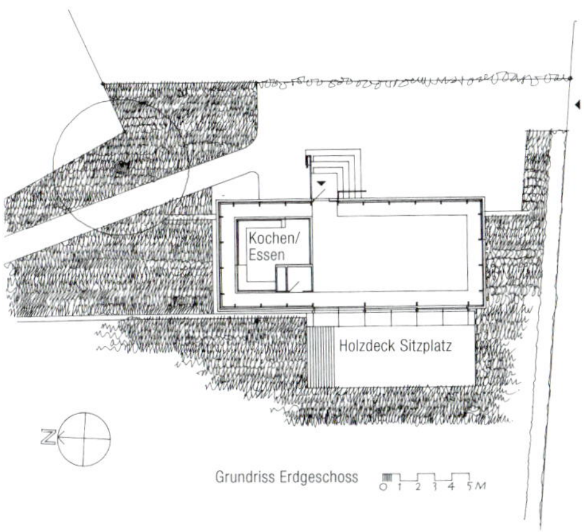

Grundriss Erdgeschoss

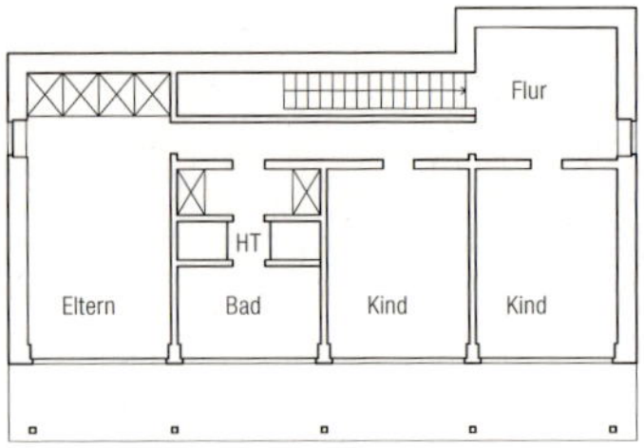

Obergeschoss

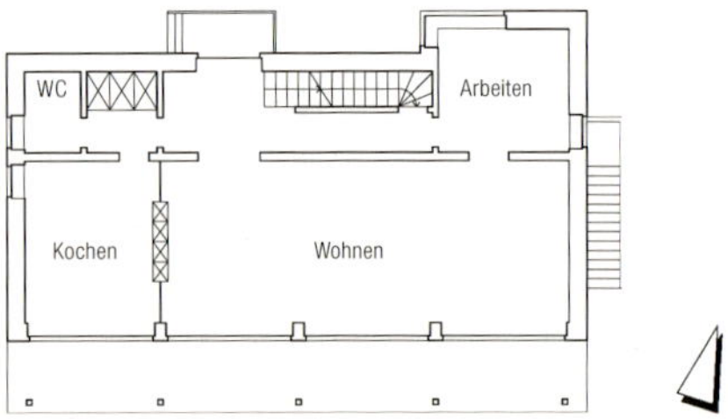

Grundriss Erdgeschoss

EIN HAUS MIT UNTERSCHIEDLICHEN CHARAKTEREN

Beim Neubau ist es grundsätzlich geraten, das ins Auge gefasste Grundstück sehr genau auf dessen Lagevorzüge oder -nachteile hin zu überprüfen. Manches Mal gestaltet sich dies jedoch schwierig – sei es aufgrund knappen verfügbaren Baugrunds, sei es, dass eine Parzelle geschenkt oder ererbt worden ist. Im vorliegenden Fall stellte eine nahe am Grundstück vorbeiführende Autobahn die Hauptschwierigkeit für die Planung des Wohngebäudes dar. Das dazwischen befindliche Waldstück filtert zwar einen Teil der Lärmimmissionen, jedoch musste die Architektur im Hinblick auf die Wohnqualität schwerpunktmäßig auf diese unliebsame Nachbarschaft abgestimmt werden. Das beauftragte Architekturbüro Spital-Frenking + Schwarz schottete gleichsam die Wohnräume dadurch zur Lärmquelle hin ab, dass die nördliche Hausseite mit dem Eingangsbereich fast völlig geschlossen gestaltet wurde. Die hier sehr sparsam gesetzten Fassadenöffnungen sind zudem als Schallschutzfenster ausgebildet. Ganz anders die Südseite: Hier dominieren große Glasflächen, deren honigfarbene Holzrahmen dem bläulichen Klinker der Fassade einen warmen Farbton hinzufügen (2). Ein noch facettenreicheres Zusammenwirken der Farbtöne und Materialien zeigt sich im Inneren des Hauses: Wohnbereich, Elternschlafzimmer und Kinderzimmer bekamen fußwarme Böden aus massiver Eiche (1), während sich in Küche, Diele, Garderobe und Gäste-WC ein mit Ziegelmehl eingefärbter Terrazzoboden findet. Lehmputze mit Marmormehlzuschlag beziehungsweise cremfarbener Stuccolustro werten nicht nur die visuelle Qualität der Innenräume auf, sondern sorgen auch für ein angenehmes Raumklima, das durch das Hüllflächentemperierungssystem mit Wärmestrahlenden Außenwänden nachhaltig gefördert wird. Insgesamt ein höchst funktionales und angenehmes Wohnhaus mit klarer Architektursprache und Liebe zum Detail in der Innenraumgestaltung.

WICHTIGE BAUDATEN

Bauaufgabe: Neubau für eine Familie mit Kindern
Standort: Castrop-Rauxel/Nordrhein-Westfalen
Bauzeitraum: 2000 (9 Monate)
Grundstücksfläche: 695 m²
Wohnfläche: 193 m²
Umbauter Raum (BRI): 720 m³ (ohne Kellergeschoss)
Bauweise: Massiv (gedämmtes Ziegelmauerwerk mit Schale aus Elbklinkern, Keller als Weiße Wanne mit WU-Beton)
Energiekonzept: Gas-Brennwerttherme mit Wärmerückgewinnung, Wärmeabgabe großenteils über Hüllflächentemperierung
Jahresheizwärmebedarf: ca. 6,8 l Heizöl/m²
Baukosten gesamt: ca. 285.000 Euro

1

2

1

2

DUPLEX-LOFTHAUS IN RAUER VOLLENDUNG

Unweit von Kiel entstand vor einigen Jahren das innovative Modellprojekt einer Siedlung mit zeitgemäßen Wohnhäusern in Holzbauweise. Gemeinsam ist allen Einheiten die Grundkonstruktion, der hohe Vorfertigungsgrad und das Pultdach, ansonsten aber konnten die Bauherren sich nach dem Modulprinzip von den Architekten Stumpf + Wolfinger ihr persönliches Wunschheim zusammenstellen lassen. Die mit den Hauptfassaden konsequent nach Süden oder Westen ausgerichteten Grundeinheiten sind im Rahmen des Konstruktionsrasters erweiterbar, die Grundrisse wie auch der Innenausbau können an die spezifischen Ansprüche und später auch an die veränderten Lebensbedingungen angepasst werden.
Das jüngst errichtete, hier näher vorgestellte Haus der Familie Hirsch unterscheidet sich von den übrigen Häusern durch seine funktional bedingte Zweiteilung. Ein mittiger, ebenerdiger Eingangsbereich bildet nach Art einer transparenten Schleuse die Verbindung von Wohnhaus und Ateliergebäude, das im Obergeschoss das große Atelier von Lisa Hirsch, unten das Designbüro von Ulrich Hirsch beherbergt. Der Künstlerin und dem Designprofessor war es wichtig, Wohnen und Arbeiten in zwei verbundenen, aber doch auch klar voneinander abgegrenzten Sphären unterzubringen, um die Lebensbereiche nicht verschwimmen zu lassen. Die bereits im »Arbeitshaus« vorgefundene Großzügigkeit setzt sich im Wohntrakt fort: Der loftartige Wohnraum nimmt die gesamte Grundfläche des Erdgeschosses südlich des Erschließungsflurs ein und erstrahlt selbst bei halb geschlossenen Jalousetten noch in erstaunlicher Helligkeit. Eine hallenartige Erweiterung auf der Südseite schafft über dem Essplatz enorme Raumhöhen und spannende Durchblicke zwischen Galerie und Wohnraum (1/2). Große Terrassen auf der Sonnenseite »klappen« gleichsam die Materialität der Fassaden nach außen (3), ein weiterer Frühstücksplatz entstand in einer windgeschützten Ecke beim Garteneingang. Insgesamt ein sehr gelungenes, rau geradliniges Gesamtwerk aus klarer Architekturgestalt und großzügigem Innenraumempfinden.

WICHTIGE BAUDATEN

Bauaufgabe: Neubau für ein Ehepaar
Standort: bei Kiel
Bauzeitraum: 2005 (4 Monate)
Grundstücksfläche: 1.075 m^2 zuzüglich 285,2 m^2 Anteil am Gemeinschaftsplatz
Wohnfläche gesamt: ca. 189 m^2
Umbauter Raum gesamt (BRI): ca. 864 m^3
Bauweise: Holzständerbauweise auf betonierter Bodenplatte, Holzdecken
Energiekonzept: Zentrale Lüftungsanlage mit Wärmerückgewinnung, Wärmepumpe und Erdkollektoren
Jahresheizwärmebedarf: ca. 53 kWh/m^2
Baukosten gesamt: ca. 245.200 Euro
(Wohnhaus ca. 169.100 Euro, Atelierhaus ca. 76.100 Euro)

3

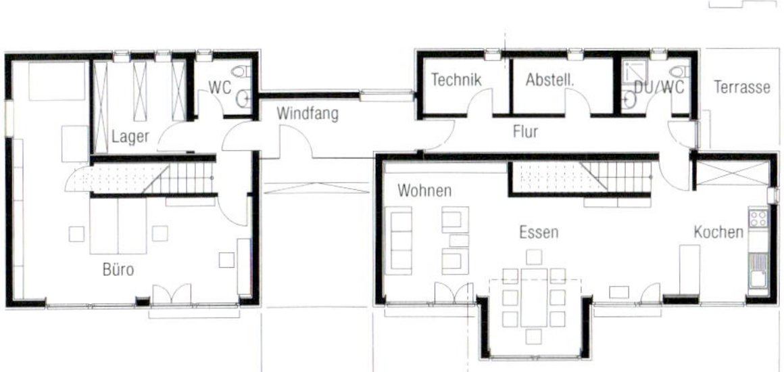

Grundriss Erdgeschoss

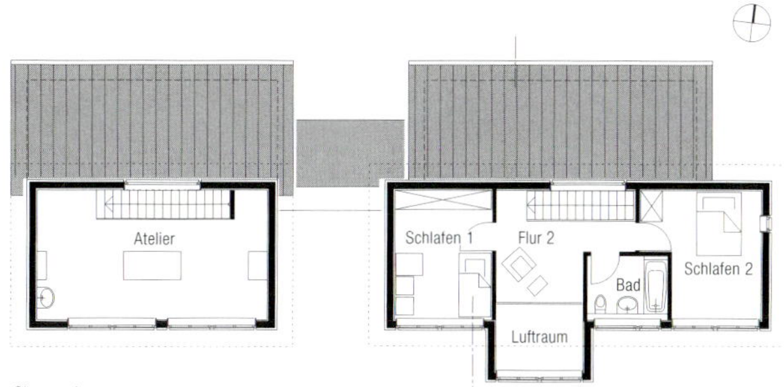

Obergeschoss

DER AUFGESCHNITTENE KUBUS

1

Von ferne scheinbar wie ein hoch geschlossener Monolith in den Hang der Rhönlandschaft gestellt, braucht das von Susanne Wartzeck und Jörg Sturm geplante Einfamilienhaus den zweiten Blick, um die Brüche in der äußeren Struktur wahrzunehmen. Der Ost- und Westseite mit ihren außenwandbündig gesetzten Fensterflächen stehen die tief eingeschnittenen Nord- und Südseiten gegenüber (1/3). Während sich im Norden die ebenerdig zugängliche Eingangszone mit einem Stellplatz in die Kubatur schiebt, wird das Gebäude von Süden durch Terrassen und Balkone unterhöhlt. Gleichsam integriert, bietet sich so gleichzeitig ein wettergeschützter Aufenthaltsplatz ohne Vordächer oder zusätzliche Verschattungssysteme. Insgesamt bleibt die Grundform des Quaders gewahrt. Beige gestrichene Außenwandflächen und grauer Sichtbeton treten in zurückhaltenden, dadurch jedoch umso wirkungsvolleren Kontrast zu weiß abgesetzten Fassadeneinschnitten und Laibungen. Das Innere des Baukörpers ist durch das Eingangsgeschoss vertikal in eine darüber thronende Wohn-, Ess- und Kochebene mit völlig offenem Raumzusammenhang und eine darunter geborgene Schlafebene unterteilt (2). Deren Rückzugscharakter als kleine Welt für sich wird durch ein eingezogenes, nach Süden orientiertes Atrium nachhaltig betont, das gleichzeitig für die Belichtung von Schlaf-, Arbeits- und Gästezimmer sorgt. Ein bemerkenswert fruchtbares Spiel mit der Körperlichkeit der Architektur und deren parzieller Entkörperlichung.

2

WICHTIGE BAUDATEN

Bauaufgabe: Neubau für ein Ehepaar
Standort: bei Petersberg/Rhön
Bauzeitraum: 2004–2005 (8 Monate)
Grundstücksfläche: 490 m^2
Wohnfläche: 214 m^2
Umbauter Raum (BRI): 1.194 m^3
Bauweise: Massiv (Betonfertigteilbauweise/ Doppelwandelemente außen, Ziegelmauerwerk innen)
Energiekonzept: Wärmepumpe mit Tiefensonde
Jahresheizwärmebedarf: ca. 74,6 kWh/m^2
Baukosten gesamt: keine Angaben

3

Grundriss Erdgeschoss

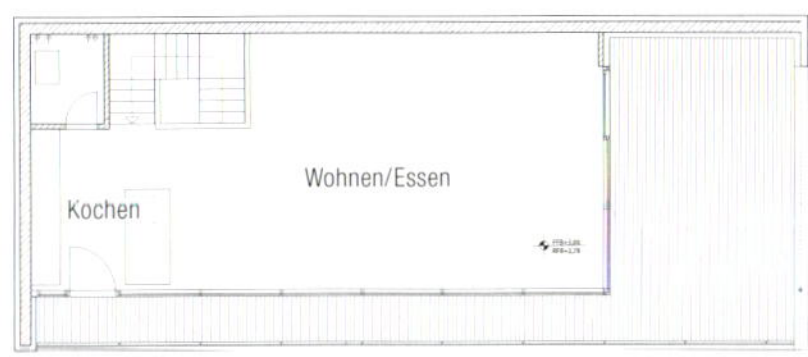

Obergeschoss

EIN HAUS TRÄGT SCHWARZ

Das Wohnhaus von Ulrike Ess und Dieter Längle sorgt selbst im architekturverwöhnten Vorarlberg immer wieder für reichlich Gesprächsstoff – präsentiert es sich doch nach außen mit seiner schwarzen Textilhaut ebenso ungewöhnlich wie geheimnisvoll. Das als Fassadenmaterial verwendete Vlies – strukturiert durch die silbern glänzenden, zur Befestigung auf der Konterlattung benutzten Edelstahlschrauben – konnte wie viele andere Gewerke in Eigenleistung aufgebracht werden und war damit aufgrund seines niedrigen Materialpreises ausgesprochen kostengünstig. Sowohl das zweigeschossige Hauptgebäude als auch der eingeschossige Lager- und Garagenbau sind in dieses einheitliche Kleid gehüllt (1). Das Passivhaus kommt nicht nur im Äußeren sehr ungewöhnlich daher, sondern schlägt konventionelle Häuser auch in puncto Energiekosten um Längen. Mit in ausreichender Stärke eingebauten ökologischen Dämmstoffen, der Ausrichtung der Süd-, teils auch Westseite zur Sonne (3) und ansonsten hoch geschlossenen Fassaden erreicht das Gebäude Passivhausstandard. Eine auf dem Flachdach montierte Fotovoltaikanlage produziert zusätzlich hauseigenen Strom. Nicht weniger durchdacht wie das Energiekonzept ist die räumliche Anordnung der Teilbaukörper. Entlang der Zufahrtsstraße gereiht, trennen Haupt- und Nebengebäude den öffentlichen sehr eindeutig vom privaten Gartenraum (1/4), die winkelförmige Baugestalt lässt zusätzlich einen geschützten Gartenhof entstehen (2).

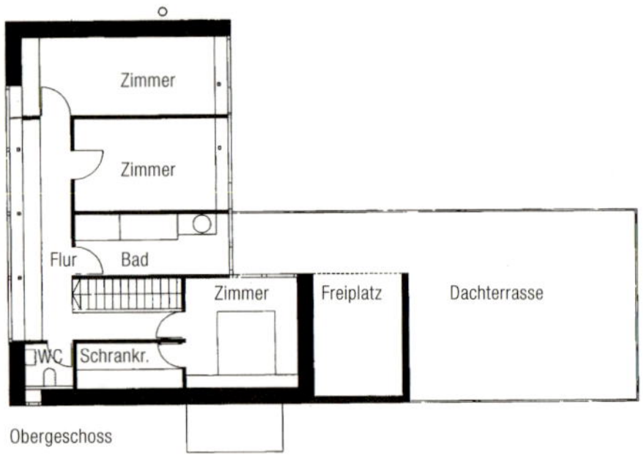

Obergeschoss

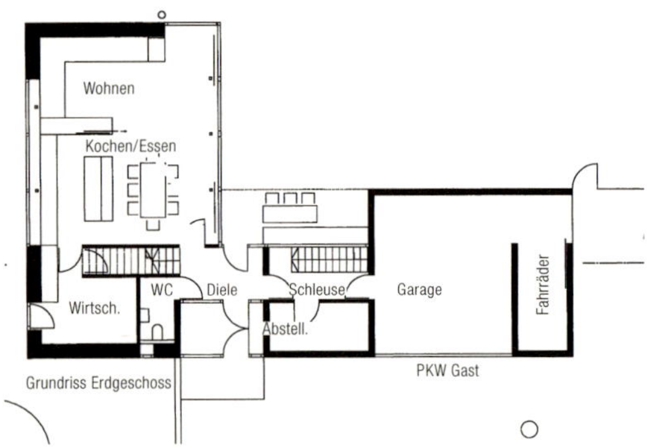

Grundriss Erdgeschoss

WICHTIGE BAUDATEN

Bauaufgabe: Neubau für eine Familie mit Kindern
Standort: Vorarlberg
Bauzeitraum: 2003–2004 (8 Monate)
Grundstücksfläche: 716 m^2
Wohnfläche: 139 m^2
Bauweise: Holzriegelbauweise
Baukosten gesamt: ca. 198.000 Euro

1

2

3

4

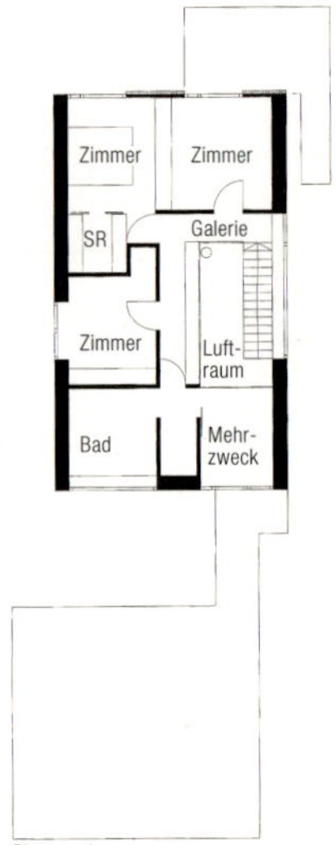

Obergeschoss

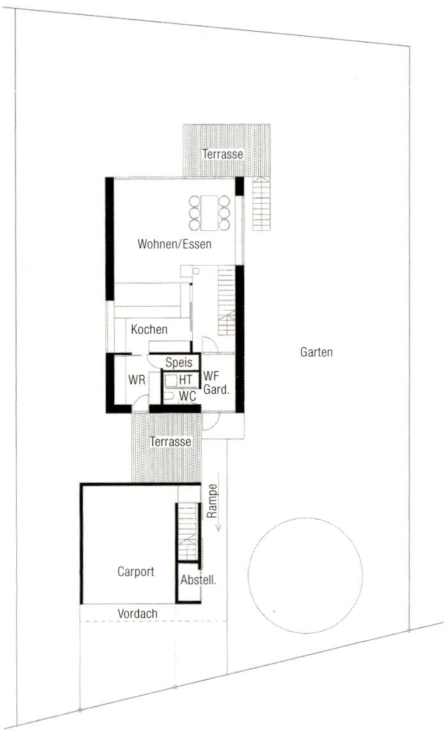

Grundriss Erdgeschoss

KOMPAKTE HOLZKISTE AUF STELZEN

Ein langer Zugangssteg führt über dem Terrain zur »Holzkiste« der Familie Zwischenbrugger (1) – eine Holzkiste allerdings, die es in sich hat. Zur Einsparung von Baumasse und zur Vermeidung von Treppenkonstruktionen mittels acht Stahlbetonstützen auf Punktfundamenten errichtet, ist ein hoch kompaktes Familienhaus entstanden, das geringe Baukosten mit hohem Wohnwert verbindet. Dank des Flachdachs lassen sich auch die Räume des Obergeschosses vollwertig nutzen (4). Die Grundrissplanung schafft auf beiden Ebenen trotz der vergleichsweise geringen Wohnfläche eine betont großzügige Atmosphäre, die sich aus weitestmöglich offenen Raumstrukturen, nach Bedarf bemessenen Raumgrößen und gut gesetzten Durchblicken ergibt. Im Erdgeschoss sind Wohn-, Ess- und Kochbereich Platz sparend mit dem Treppenaufgang (2) zusammengefasst, der Raum wirkt dadurch zudem bedeutend größer. Blickbeziehungen werden durch die gezielt gesetzten Fensterausschnitte gelenkt und von den filigranen Brüstungsstäben nicht behindert. Nach Süden orientiert sich das Haus zu den Obstwiesen und zur Landschaft, eine holzgedeckte Terrasse schiebt den Lebensbereich ins Freie vor (3). Dank der durch die Glasflächen erzielten passiven Wärmegewinne, einer hoch effizienten, ökologischen Dämmung und der kompakten Baugestalt ist das »schwebende« Haus nicht nur architektonisch bemerkenswert, sondern auch im Betrieb konkurrenzlos günstig.

WICHTIGE BAUDATEN

Bauaufgabe: Neubau für eine Familie mit Kindern
Standort: Vorarlberg
Bauzeitraum: 2004 (8 Monate)
Grundstücksfläche: 700 m²
Wohnfläche: 131 m²
Bauweise: Holzbauweise mit Stahlbetonstützen auf Punktfundamenten
Baukosten gesamt: ca. 198.000 Euro (ohne Nebengebäude)

1

2

3

4

TRAUMVILLA MIT EINLIEGERWOHNUNG

In einem Ortsteil der oberbayerischen Stadt Erding entstand ein äußerst großzügiger und gleichzeitig völlig geradliniger Bau, der neben den Räumen für eine fünfköpfige Familie auch eine Einliegerwohnung umfasst. Die separate Einheit wird heute vom allein stehenden Bruder der Bauherrin bewohnt, kann später aber auch problemlos umfunktioniert und beispielsweise vermietet werden. Um dann eine optimale Privatheit zu gewährleisten, ist die Einliegerwohnung rein nach Westen orientiert, der Familiengarten kann somit nicht eingesehen werden (3).
Der für eine Villa typische großzügige Charakter zeigt sich sowohl in der Architektur als solcher als auch in der Gestaltung der Innenräume. Im Erdgeschoss weist der im »Westflügel« untergebrachte, riesige Wohnbereich mit dem großen Kamin gegenüber dem ostseitigen Trakt mit dem Essbereich und dem »Ruhezimmer« keine trennenden Sichtbarrieren auf (2/4). Ein leichter Niveauunterschied akzentuiert aber zurückhaltend die baulichen Strukturen (4).
Der L-förmige Grundriss grenzt das Haus, das anstelle eines wenig wertigen und fehlplatzierten Vorgängerbaus entstand, zur Nachbarbebauung ab (1). Somit entstand ein beschützter Außenraum und der Innenraum wird zum Garten geöffnet. Dieser fiel durch die optimale Ausnutzung des Grundstücks besonders groß aus und bietet reichlich Platz für Spiele, Kinderpartys und Gartenfeiern. Die Kinder- und Schlafzimmer im Obergeschoss des Westtrakts bieten direkten Zugang zum Balkon und zur Dachterrasse.

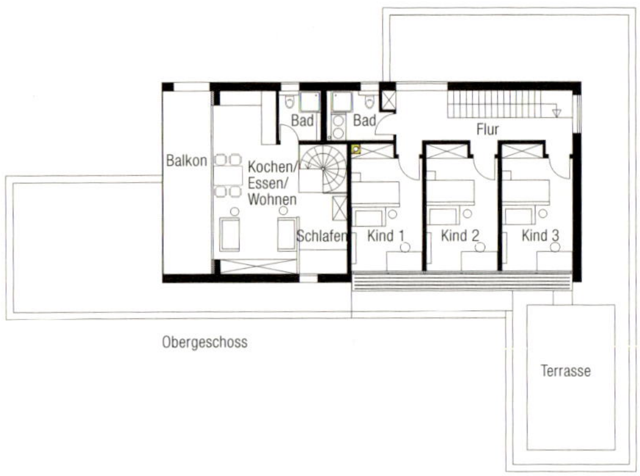

Obergeschoss

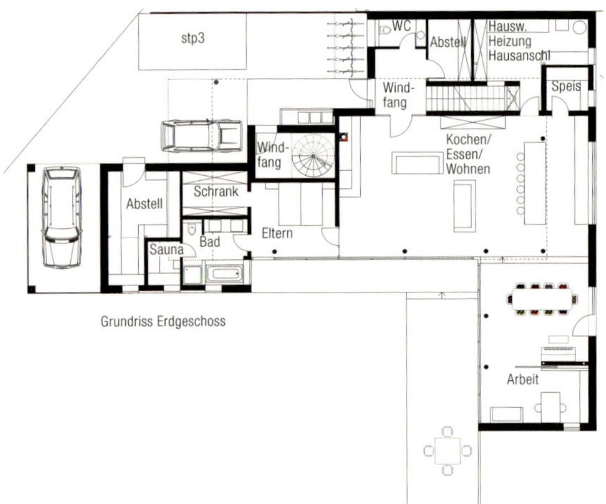

Grundriss Erdgeschoss

WICHTIGE BAUDATEN

Bauaufgabe: Neubau für eine Familie mit drei Kindern und Einliegerwohnung
Standort: Erding/Bayern
Bauzeitraum: 2002 (8 Monate)
Grundstücksfläche: ca. 815 m²
Wohnnutzfläche: Hauptwohneinheit 235 m², Einliegerwohnung 56 m²
Umbauter Raum (BRI): ca. 1.340 m³
Konstruktion: Ziegel-Massivbauweise mit 12 cm Wärmedämmung und mineralischem Verputz, betoniertes Flachdach
Energiekonzept: Gas-Brennwertheizung, Kaminofen
Jahresheizwärmebedarf: ca. 96 kWh/m²
Baukosten: keine Angaben

1

2

3

4

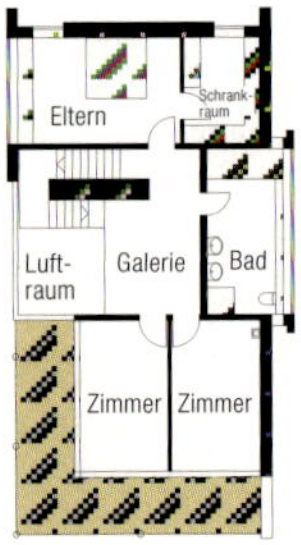

Obergeschoss

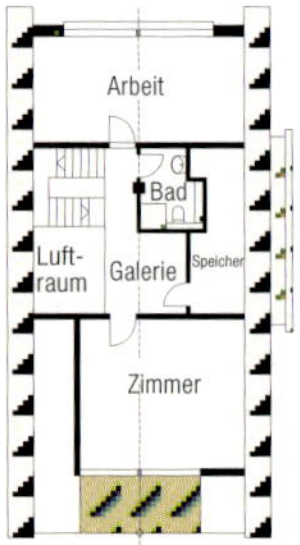

Dachgeschoss

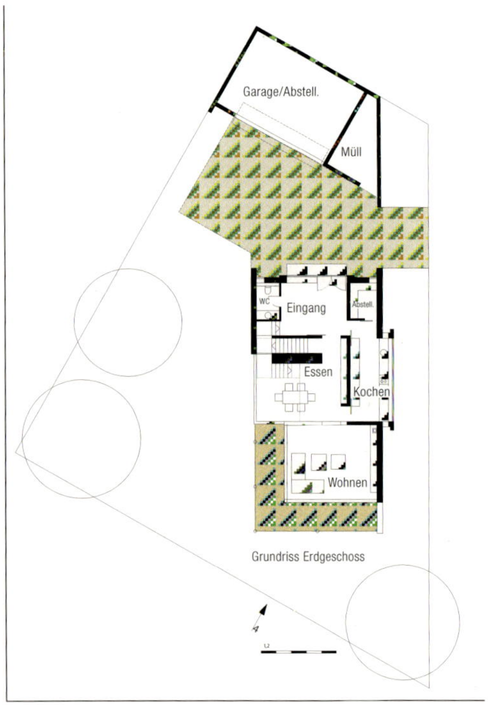

Grundriss Erdgeschoss

WOHNERLEBNIS UNTER SPITZEM DACH

Spitzdachhäuser erfordern weit reichende Überlegungen, um zu wirklich überragender Architektur zu werden. Die Architekten Walbrunn und Grotz vermieden alle üblichen Fehler und beachteten sehr genau die formalen Anforderungen – angefangen von den richtigen Proportionen des Dachüberstands bis hin zur geschlossenen Wirkung der Dachfläche (1). Die Fassade besitzt vier sehr unterschiedliche Seiten, die höchst gekonnt zu einer Einheit zusammengefügt wurden. Zur Straße eher reserviert, zeigt sich das Haus zum Garten und zur freien Landschaft in größter Offenheit und Transparenz (2). Eine weiße Mauer sorgt südseits für Privatheit am Sitzplatz (3). Der auffällige Eingangsgiebel zeigt eine souveräne Beherrschung der Geometrien und des architektonischen Formenkanons, ohne auch nur ansatzweise in postmoderner Gefälligkeit zu verflachen. Die großen Glasflächen zum Garten projizieren sich gleichsam nach innen in die wunderbar hellen Wohnräume. Der Übergang vom Wohnbereich in den Essplatz erfolgt offen, halbhohe Wandscheiben und die unterschiedlichen Niveaus sorgen für die notwendige räumliche Untergliederung und konstituieren so Spannung. Die Treppe zu den oberen Geschossen, unter der gleichzeitig Stauraum für Kunstobjekte und Accessoires entstand, verläuft offen (4). Die Flurbereiche sind allesamt taghell erleuchtet, von vielen Standorten im Haus bieten sich sagenhafte Aus- und Durchblicke. Der Garten ist durch Terrassierungen und unterschiedlich situierte Sitzplätze im Freien sehr abwechslungsreich strukturiert und zu allen Tageszeiten optimal nutzbar. Insgesamt ein ebenso vielgestaltiges wie spannendes Einfamilienhaus mit ausgesprochen großzügigem und offenem Raumkonzept, das somit die Vorgaben und Wünsche der Bauherrschaft optimal umsetzte.

WICHTIGE BAUDATEN

Standort: bei Erding/Oberbayern
Bauzeitraum: 2000 (10 Monate)
Grundstücksfläche: ca. 726 m²
Wohnfläche: 230 m² (zuzüglich sonstige Nutzfläche 134 m²)
Umbauter Raum (BRI): 1649 m³
Konstruktion: Ziegel-Massivbauweise, mit mineralischem Verputz und Anstrich bzw. Stahlkonstruktion
Energiekonzept: Gas-Brennwerttechnik
Jahresheizwärmebedarf: ca. 85 kWh/m²
Baukosten gesamt: ca. 426.000 Euro

1

2

3

4

ARCHITEKTURBÜRO ARMIN WALCH
ALEXANDER WASLE, Reutte/Österreich

MODERNE VILLA IN ÖKOLOGISCHER VERSION

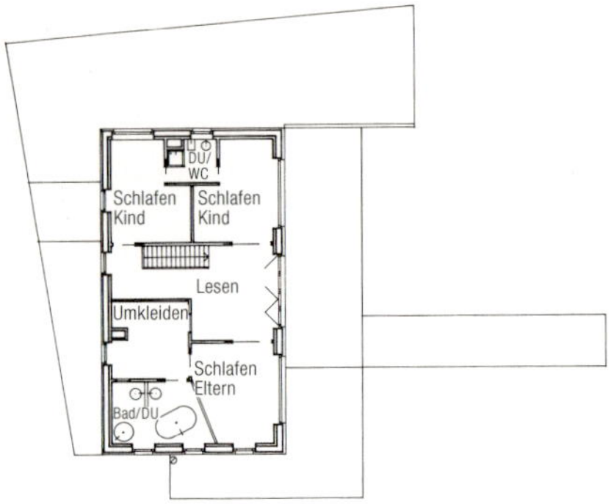

Obergeschoss

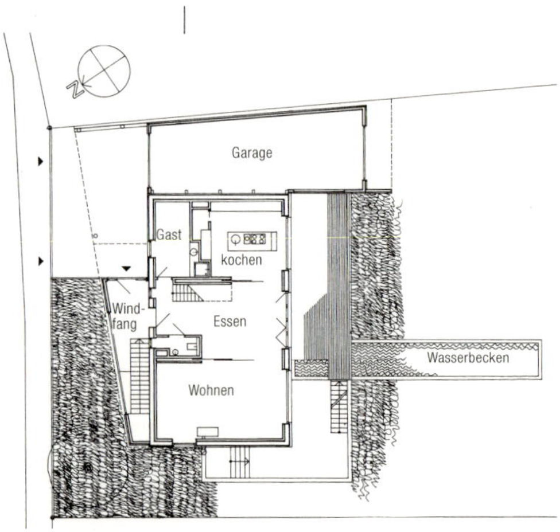

Grundriss Erdgeschoss

In seiner äußeren Erscheinung wie auch in seiner Innenarchitektur als moderne Villa zu charakterisieren, verbindet das Haus der Familie Wasle ein hohes Wohnniveau mit ebenso hohen ökologischen Standards (1). Holzweichfaserplatten und eingeblasene Zelluloseflocken gewährleisten nicht nur hervorragende Dämmwerte, sondern zusammen mit einer diffusionsoffenen und luftdichten Konstruktion auch ein optimales, ausgeglichenes Innenraumklima. Durchgängigkeit und Barrierefreiheit sind die auffallendsten Kennzeichen des Gebäudes, dessen beachtliche Wohnfläche dadurch noch einmal größer wirkt. Die grandiose »Skulpturen-Treppe«, das vielleicht auffallendste Element der Innenraumgestaltung überhaupt, verzichtet auf alles, was nicht unbedingt notwendig ist und verleiht dadurch dem Wohnbereich zusätzliche Größe (2). Transparente Bauteile und Schiebetüren ermöglichen es, das gesamte Erdgeschoss als räumliche Einheit zu erleben. Eine Ebene darüber befindet sich das große Schlaf- und Badezimmer, dessen Bereiche nur durch eine halbhohe Wandscheibe visuell unterteilt sind. Neben der frei stehenden Badewanne ziehen hier insbesondere die gegenüber postierten Waschplätze mit Edelstahlkorpus und gläsernen Waschtisch-Platten den Blick auf sich (3). Im Garten zeichnet ein langes, holzumrandetes Wasserbecken die Hauptblickrichtung nach und grenzt zudem optisch den hausnahen vom äußeren Gartenbereich ab (4).

WICHTIGE BAUDATEN

Bauaufgabe: Neubau für eine Familie mit Kind
Standort: Reutte/Tirol
Bauzeitraum: 2003–2004
Grundstücksfläche: ca. 853 m²
Wohnfläche: 200 m²
Umbauter Raum (BRI): ca. 1.520 m³
Konstruktion: Holzständerbauweise
Energiekonzept: Kontrollierte Wohnraumbe- und Entlüftung mit Wärmerückgewinnung und Erdkollektor, Warmwasserbereitung über Wärmepumpe und fassadenintegrierte Solarkollektoren, passive Solarnutzung, hoch gedämmte Hülle
Jahresheizwärmebedarf: ca. 14,7 kWh/m² (Passivhausstandard)
Baukosten: keine Angaben

2

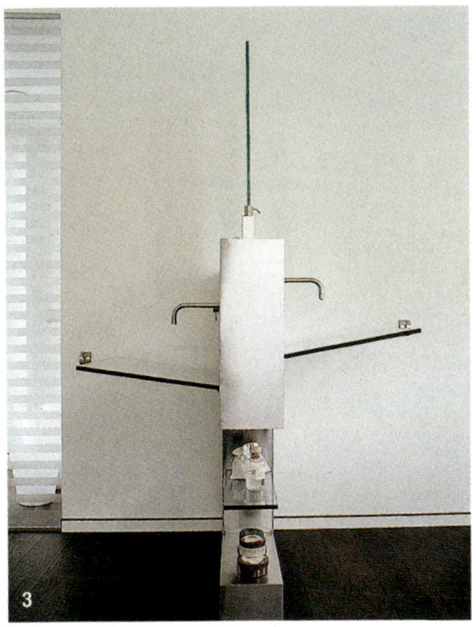
3

4

SPIEL MIT GESCHLOSSENHEIT UND TRANSPARENZ

1

Die Berliner Architektin Birgitt Welter hat im fränkischen Haßfurt ein an bäuerliche Einfirstbauten der Region erinnerndes, farbenfrohes Holzhaus geplant. Der für eine fünfköpfige Familie bestimmte reichliche Wohnraum wurde im Rahmen eines lang gestreckten, aber in sich kompakten Baukörpers geschaffen. In Holzrahmenbauweise erstellt, besteht die Fassade aus einer sandfarben gestrichenen Holzstülpschalung, die bei Sonnenschein eine reizvolle Struktur aus lichten und schattigen Partien erzeugt (3). Die intensiv weinroten Schiebeläden ermöglichen die komplette »Verschottung« der Glasflächen. Da die Fassadenbereiche hinter den Schiebeläden in deren Materialität und Farbigkeit gehalten sind, ergeben sich im geschlossenen Zustand rote Farbbänder. Gereihte Lochungen unterstreichen die horizontale Grundausrichtung des Bauwerks und erzeugen im Hausinneren punktierte Lichtwirkungen. Großflächig verglaste Schiebetür-Elemente öffnen die im südlichen Erdgeschossbereich untergebrachten Wohnräume nach Süden wie auch nach Westen (1). Der nördliche Trakt mit Erschließungszone und Nebenräumen ist aus energetischen Gründen mit Fensterbändern belichtet, deren Elemente zur Lüftung ausgeklappt werden können (2). Da die beachtliche Wohnfläche von 185 Quadratmetern auf zwei Etagen mit weithin offenen Grundrissen organisiert ist, ergibt sich ein insgesamt außerordentlich großzügiges Wohngefühl in einem ebenso klar geschnittenen wie farblich gelungenen Kleid.

2

WICHTIGE BAUDATEN

Bauaufgabe: Neubau für eine Familie mit drei Kindern
Standort: Haßfurt/Unterfranken
Bauzeitraum: 2005–2006 (9 Monate)
Grundstücksfläche: 716 m^2
Wohnfläche: 185 m^2
Umbauter Raum (BRI): 1.155 m^3
Bauweise: Holzrahmenbauweise
Energiekonzept: Wärmepumpe
Jahresheizwärmebedarf: ca. 56 kWh/m^2
Baukosten gesamt: ca. 316.000 Euro

3

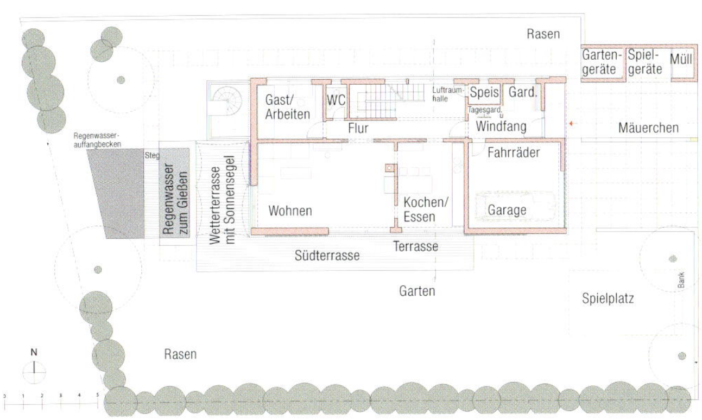

Grundriss Erdgeschoss

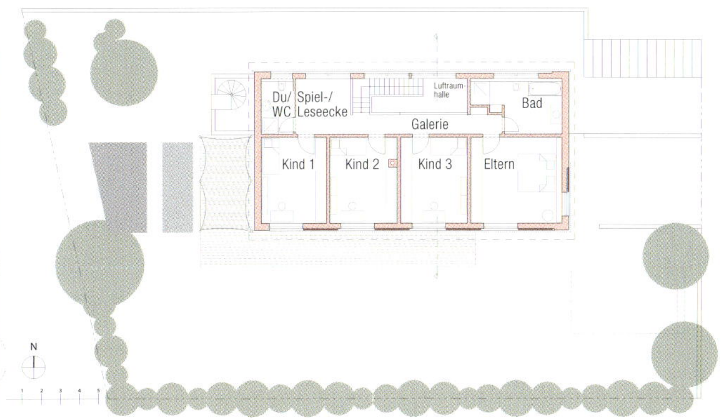

Obergeschoss

MIT SCHWEBENDEM DACH

Ein Dach, das gleich einem Vogel seine Schwingen über dem in dunklem Holz gekleideten Unterbau auszubreiten scheint – Schwingen, die aus den beiden Hälften eines gläsernen Satteldachs bestehen. Auf konisch zulaufenden Stahlstützen ruhend (2), überspannt das Dach den kubischen, flach gedeckten Unterbau und schützt so vor der Witterung (3). Für die wirksame Abführung warmer Luft sorgen durchgehende, aus dem Treibhausbau bekannte Firstklappen.
Auf den schmalen Seiten besonders weit auskragend, lässt das Glasdach zur Einfahrtsseite hin zusammen mit Carport und Multifunktionsraum einen sorgsam inszenierten Platz entstehen (1). Das Haus ist sowohl in Längsrichtung als auch in Querrichtung mit mittig platzierten Gängen und Durchblicken organisiert, die die offene Landschaft unmittelbar ins Wohnumfeld einbeziehen. Der Eingangsbereich eröffnet das Wohnerlebnis, die Terrasse am entgegengesetzten Ende des Gebäudes schließt es ab. Die vorgehängten Fassaden aus dunklen Holzwerkstoffplatten sind als raues Gegenbild zu Glas und Stahl konzipiert – ebenso, wie das Satteldach in spannende, kreative Konkurrenz zur darunter geborgenen »Flachdachkiste« tritt.

1

2

WICHTIGE BAUDATEN

Bauaufgabe: Neubau für eine Familie
Standort: bei Thannhausen/Bayerisch-Schwaben
Bauzeitraum: 1997–1998 (14 Monate)
Grundstücksfläche: 1.960 m²
Wohnfläche: 201 m²
Umbauter Raum (BRI): 1.642 m³
Bauweise: Massiv, mit gedämmter, hinterlüfteter Holzfassade und Glasschutzdach
Energiekonzept: Öl-Zentralheizung
Baukosten gesamt: ca. 420.000 Euro

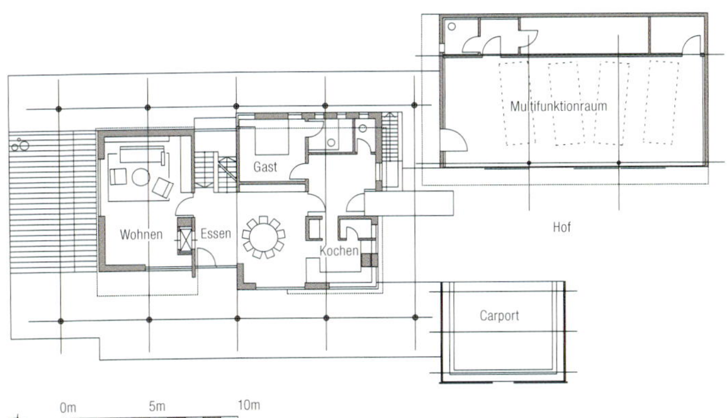

Grundriss Erdgeschoss

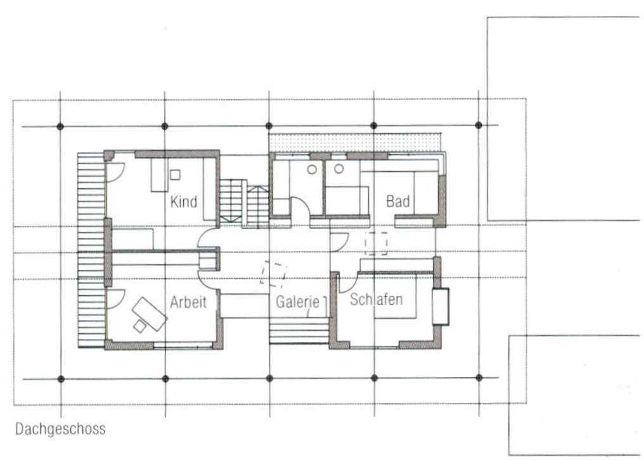

Dachgeschoss

FALTUNG UND RAUMERLEBNIS

Manches zeitgemäße Haus in Wien und um Wien herum bedient sich einer Formensprache, die sich vom Prinzip des reinen Kubus verabschiedet hat. Im vorliegenden Fall stellt »der Knick in der Optik« gleichsam das architektonische Prinzip dar: schon im Entwurfsansatz als Summe gefalteter Wand- und Deckenflächen gedacht, stellt sich die Architektur im fertigen Zustand als äußerst spannende Abfolge räumlicher Strukturen mit jeweils sehr unterschiedlichen Zuschnitten und Volumina dar. Abknickende Raumkanten sind zum Prinzip erhoben und lassen in der Gesamtschau einen Baukörper von harmonischer Unregelmäßigkeit entstehen (1/4). Die treppenartig in den Hang gestellten Ebenen knicken nach oben beziehungsweise unten ab und suchen so die direkte Zwiesprache. Ihre teils flachen, teils unterschiedlich geneigten Dächer konstituieren eine gebirgsähnliche »Dachlandschaft«, in die die Terrasse förmlich eingebettet ist. Das am Hang gelegene Gebäude wird übers Untergeschoss ebenerdig mit der Zufahrt betreten, darüber befindet sich die Wohnebene, ganz oben das Schlafgeschoss (3). Auf beiden Etagen setzen die zugeordneten Terrassen das Prinzip der Unregelmäßigkeit und des spitzen Winkels fort. Das Innere des Hauses, in dem der rechte Winkel die Ausnahme bildet, erscheint als sich stetig wandelnder Charakter mit zahlreichen spannungsvollen Durchblicken und Raumknicken (2). Bei aller Außergewöhnlichkeit bleibt die Architekturgestalt sehr geschlossen, effekthascherisches Gebaren ist dem Gebäude fremd.

1

2

3

WICHTIGE BAUDATEN

Bauaufgabe: Neubau für eine Familie
Standort: bei Wien
Bauzeitraum: 2003–2004 (9 Monate)
Grundstücksfläche: 2.280 m^2
Umbauter Raum (BRI): 1.350 m^3
Bauweise: Massivbauweise (Stahlbeton, außenseitig mit Vollwärmeschutz, Stahl-Glas-Fassaden)
Energiekonzept: Gas-Zentralheizung, Wärmeabgabe über Fußboden- und Wandflächenheizung
Baukosten: keine Angaben

4

1 Lager
2 WC
3 Wirtschaft
4 Speis
5 Essen
6 Wohnen
7 Terrasse

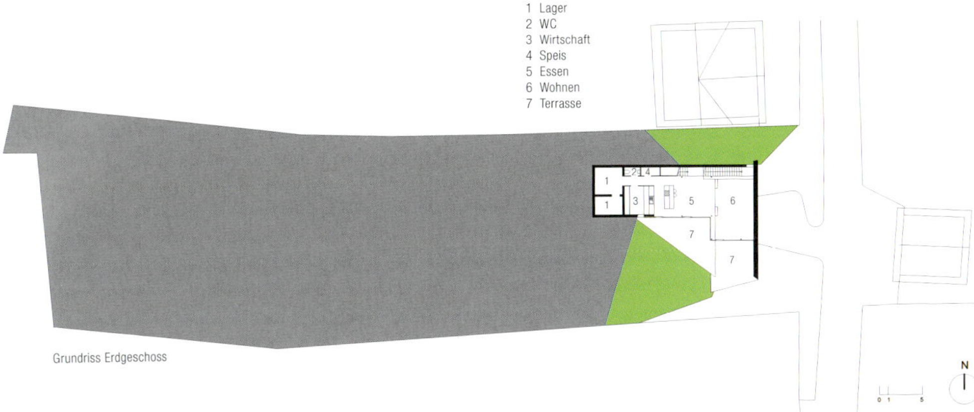

Grundriss Erdgeschoss

1 Sanitär
2 WC
3 Lager
4 Zimmer
5 Schrank
6 Bad
7 Büro
8 Luft
9 Terrasse

Schlafgeschoss

Der Autor steht für Leseranfragen aller Art unter folgender Adresse gerne zur Verfügung:

Thomas Drexel
Autor Architekturfotograf
Am Fladerlach 9
D-86316 Friedberg
Telefon: 0821-6070874
Thomas.drexel@t-online.de

Hinweis: Die in den Projektkapiteln angegebenen Baukosten wurden als Gesamt-Bruttokosten ohne Grundstück und ohne Einrechnung von Eigenleistung angegeben.

S. 10–11
Frank Ahlbrecht
Ruhrtalstraße 71 b
45239 Essen
Telefon: 0201-771059
webmaster@ahlbrechtbaukunst.de

S. 12–13
ARGE SI+
Rainer Pirker architeXture, AllesWirdGut,
Statik: werkraum_wien

Rainer Pirker architeXture
Mariahilferstraße 101/1/25
1060 Wien/Österreich
Telefon: 0043-(0)1-5954864
press@rainerpirker.com
www.rainerpirker.com

AllesWirdGut Arch. ZT GmbH
Große Neugasse 27
1040 Wien/Österreich
Telefon: 0043-(0)1-9610437
awg@alleswirdgut.cc
www.alleswirdgut.cc

werkraum_wien
Mariahilferstraße 115/13
1060 Wien/Österreich
Telefon: 0043-(0)1-5962781
peter.bauer@werkraumwien.at
www.werkraumwien.at

S. 14–15
ARTEC Architekten
Bettina Götz, Richard Manahl
ProjektmitarbeiterInnen: Ronald Mikolics, Helmut Lackner, Julia Beer, Lena Schacherer, Burkhard Schelischansky (Modell)
Am Hundsturm 5
1050 Wien/Österreich
Telefon: 0043-(0)1-5868670
goetz.manahl@artec-architekten.at
www.artec-architekten.at

S. 16–17
ATT Architekten Nürnberg
Arthur Asam und Markus Gentner

Innenarchitektur:
blauhaus
Mathias Hennig
Campestraße 10
90419 Nürnberg
Telefon: 0911-3937358
mail@blauhaus.net
www.blauhaus.net

S. 18–19
BackmannSchieberKohler
Rolf Backmann Eugen Schieber Michael Kohler
Brandenburgische Straße 86/87
10713 Berlin
Telefon: 030-86307130
mail@backmann-schieber.de
www.backmann-schieber.de

S. 20–23
Bernardo Bader
Steinebach 11
6850 Dornbirn/Österreich
Telefon 0043-(0)5572-207896
mail@bernardobader.com
www.bernardobader.com

S. 24–25
Beer Architekten
Prof. Anne Beer und Karlheinz Beer
Moltkestraße 8
92637 Weiden
Telefon: 0961-46008
www.beerarchitekten.de

S. 26–27
behet bondzio lin
architekten GmbH & co. Kg
Projektmitarbeiter: Anika Lenzing,
Thomas Westerloh,
Olaf Böckenholt, David Tseng, Holger Paul
Hafenweg 26 b
48155 Münster
Telefon: 0251-136510
buero@2bxl.com
www.2bxl.com

S. 28–33
Bembé und Dellinger
Felix Bembé und Sebastian Dellinger
Architekten im Schloss
86926 Greifenberg
Telefon: 08192-999912
mail@bembe-dellinger.de
www.bembe-dellinger.de

S. 34–35
Biehler Weith Associated
Christoph Biehler und Ralf Heinz Weith
Rosgartenstraße 10
78462 Konstanz
Telefon: 07531-691188
office@biehler-weith.de
www.biehler-weith.de

S. 36–37
buero x
Reinhard Singer
Friedenstraße 59
97072 Würzburg
Telefon: 0931-7903318
singer.buerox@t-online.de

S. 38–39
Bertrand Counson
Chemin du Martinet »Le Carrousel«
1272 Genolier/Schweiz
Telefon und Fax: 0041-(0)22-3662603
E-mail: bertrandcounson@bluewin.ch
oder: Rue des Ardoisières 23
6690 Vielsalm/Belgien
Mobil 0032-(0)497-422089

S. 40–41
Dalla Corte + Völkle
Hauptstraße 129
8272 Ermatingen/Schweiz
Telefon: 0041-(0)71-6670827
info@dallacorte.ch
www.dallacorte.ch

S. 42–45
Deppisch Architekten
Michael Deppisch
Projektmitarbeit: Kerstin Stötzer
Obere Hauptstraße 26
85345 Freising
mail@deppischarchitekten.de

S. 46–53
Dietrich | Untertrifaller Architekten
Arlbergstraße 117
6900 Bregenz/Österreich
Telefon: 0043-(0)5574-78888
arch@dietrich.untertrifaller.com
www.dietrich.untertrifaller.com

S. 54–57
drewes+strengearchitekten
Frank F. Drewes, Martin Strenge,
Ludger Drewes
Bahnhofstraße 10 a
33442 Herzebrock
Telefon: 05245-3208
info@drewesstrenge.com
www.drewesstrenge.com

S. 58–63
Michael Duffner
Kalvarienbergstraße 1 a
79761 Waldshut-Tiengen
Telefon: 07751-6490 oder 07751-7777
info@duffner-architekten.de
www.duffner-architekten.de

S. 64–65
Wieland Egger
Projektmitarbeit: Jörg Richter
Altenbergstraße 1
70180 Stuttgart
Telefon: 0711-6 07 43 36

S. 67–71
Walter Engl
Römerweg 14
4971 Aurolzmünster/Österreich
Telefon: 0043-(0)7752-85901
walter.engl@aon.at

S + C Bauplanung
und Projektmanagement Gmbh
Gallabergerstraße 11
4850 Timelkam/Österreich
Telefon: 0043-(0)7672-93593

S. 72–75
Feyferlik Fritzer
Wolfgang Feyferlik und Susi Fritzer
Glacisstraße 7
8010 Graz/Österreich
Telefon: 0043-(0)316-347656
feyferlik@inode.at, fritzer@inode.cc

S. 76–81
Fuchshuber und Partner
Gregor Fuchshuber und Gert-Ingulf Müller
Jahnallee 28
04109 Leipzig
Telefon: 0341-982440
mail@fuchshuberpartner.de
www.fuchshuberpartner.de

S. 82–83
Hans Gangoly
Projektmitarbeiterin: Gabriele Leitner
Volksgartenstraße 18
8020 Graz/Österreich
Telefon: 0043-(0)316-717550
office@gangoly.at, work@gangoly.at
www.gangoly.at

S. 84–85
Markus Gierstorfer
Obermünsterstraße 11
93047 Regensburg
Telefon: 0941-577762
info@markus-gierstorfer.de

S. 86–87
grabow klause architekten
Volker Grabow und Wolfgang Klause
Mathildenstraße 18
80639 München
Telefon 089-17 18 10
architekten@grabow-klause.de
www.grabow-klause.de

S. 88–89
GRAFT®
Lars Krückeberg, Wolfram Putz, Thomas Willemeit
Berlin– Los Angeles– Peking
Borsigstraße 33
19115 Berlin
Telefon: 030-24047985
berlin@graftlab.com
www.graftlab.com

S. 90–91
Graham Phillips
Foster and Partners
Riverside Three
22 Hester Road
London SW11 4AN/England
Telefon: 0044-(0)20-77380455
gphillips@fosterandpartners.com
www.fosterandpartners.com
www.skywoodhouse.com

Sto AG
Ehrenbachstraße 1
79780 Stühlingen
www.sto.de

S. 92–93
Ralf Grotz
Emling 7b
85461 Bockhorn
Telefon: 0 81 22-9 30 41
WGVL.Architekten@t-online.de

S. 94–95
Michael Hamm
Wielandweg 8
89584 Ehingen/Donau
Telefon 07391-52421
info@architekt-hamm.de
www.architekt-hamm.de

S. 96–99
Kurt Hauenstein
atelier.f
7306 Fläsch/Schweiz
Telefon: 0041-(0)81-
architektur@atelier-f.ch
www.atelier-f.ch

S. 100–101
Mathias Hennig
Campestraße 10
90419 Nürnberg
Telefon: 0911-3937358
mail@blauhaus.net
www.blauhaus.net

S. 102–103
Hertl.Architekten ZT GmbH
Zwischenbrücken 4
4400 Steyr/Österreich
Telefon: 0043-(0)7252-4 69 44
steyr@hertl-architekten.com
www.hertl-architekten.com

S. 104–105
Thomas Hirt
Alte Gasse 1
86152 Augsburg
Telefon: 0821-573927
t.hirt@t-online.de

S. 106–107
Armin Ibounigg
Rebenweg 37
8054 Graz/Österreich
Telefon: 0043-(0)699-12011001
armin@ai-design.at

S. 108–113
Imhof Architekten
Monika Imhof-Dorn und Eugen Imhof
Dorfplatz 6a
6060 Sarnen/Schweiz
Telefon: 0041-(0)41-6 60 77 75
imhofarchitekten@bluewin.ch

S. 114–117
Ivano Iseppi, Stefan Kurath
Canovastraße 13
7430 Thusis/Schweiz
Telefon: 0041-(0)81-6510440
iseppi.arch@bluewin.ch
www.iseppi-urbanplus.ch

S. 118–125
Atelier für Solararchitektur JORDAN
Ernst Michael Jordan
Langenharterstraße 13
4300 St. Valentin/Österreich
Telefon: 0043-(0)74 35-5 87 06
office@jordan-solar.at
www.jordan-solar.at

S. 126–129
kehrbaumarchitektenBDA
Konrad-Adenauer-Alle 35
86150 Augsburg
Telefon: 0821-34 65 20
office.a@kehrbaum-architekten.de
www.kehrbaum-architekten.de

S. 130–135
k_m architektur
Daniel Sauter

Büro Bregenz (Österreich):
Glockengieße 2
6900 Bregenz/Österreich
Telefon 0043-5574-82838
k_m.architektur@aon.at
www.k-m-architektur.com

Büro Lindau (Deutschland):
Hochbucher Weg 58
88131 Lindau
k_m.architektur@aon.at
www.k-m-architektur.com

S. 136–137
Kühn Malvezzi
Heidestraße 50
10557 Berlin
Telefon: 030-3980 6800
info@kuehnmalvezzi.com
www.kuehnmalvezzi.com

Bauleitung:
Wolfgang Mittl
Neutorplatz
79206 Breisach
Telefon: 07667-1099

S. 138–139
Gregor Kuner
Im Schnabelstal 2
78120 Furtwangen
Telefon: 07723-92910
info@architekten-kuner.de
www.architekten-kuner.de

S. 140–145
Lens°Ass Architects
Bart Lens
Dr. Willemstraat 19
3500 Hasselt/Belgien
Telefon: 0032-(0)11-247760
info@lensass.be
www.lensass.be
www.objetbart.be

S. 146–147
Gerhard Manzl und Manfred Sandner
Pechestraße 1 a
6020 Innsbruck/Österreich
Telefon: 0043-(0)512-585665
manzl.arch@aon.at

Kunst am Bau
Jörg Dialer (Außenanstrich), Lies Bielowski,
Ype Limburg (Bedrucken der Fenstergläser),
Gebi Schatz (offene Stahlkamine)

S. 148–149
Javier Mariño Rodriguez
Camiñodas Chans 7, Baiña Foutes
36380 Baiona/Spanien
Telefon/Fax: 0037-(0)986-355 885
jm@jmarquitecto.com
www.jmarqutecto.com

S. 150–153
Martin Martin Delgado
Projektmitarbeiterin: Bárbara Müller
nat@martinmartin.org
C/ Pasaje el Velero, 1. Piso
Arrecife Lanzarote 35500
Telefon: 0034-928-597253
nat@martinmartin.org

S. 154–155
Christoph Mayr-Kugel
Burgfriedenstr. 12
86316 Friedberg
Telefon: 0821-2 63 94 36
mayr-kugel@gmx.de

S. 156–159
may.schurr
Johannes May und Jochen Schurr
Projektmitarbeit: Barbara Glantschnig
Robert-Bosch-Straße 1 a
86825 Bad Wörishofen
Telefon: 08247-90457
info@mayschurr.de
www.mayschurr.de

S. 160–161
Thomas Metzler
Lussistraße 7a
8536 Hüttwilen/Schweiz
Telefon: 0041-(0)52-7400881
metzler@bauatelier-metzler.ch
www.bauatelier-metzler.ch

S. 162–163
Modersohn & Freiesleben
Bayernallee 47
14052 Berlin
Telefon: 030-21750160
office@mofrei.de
www.mofrei.de

S. 164–165
mrb architekten
Rupert Mühl, Niko Rinkes, Sandra Baur
Thalkirchnerstr. 210
81371 München
Telefon: 089-24 24 46 06
info@mrb-architekten.de
www.mrb-architekten.de

S. 166–167
Mühlich, Fink und Partner
Projektmitarbeit: Günter Perl
Heimstraße 11
89073 Ulm
Telefon: 0731-66011
info@mfp-ulm.de
www.mfp-ulm.de

S.168–169
mvmarchitekt + starkearchitektur
Michael Viktor Müller und Sonja Starke
Mauritiuswall 64-66
50676 Köln
Telefon: 0221-8014583
info@mvm-architekt.de
www.mvm-architekt.de
www.starke-architektur.de

S.170–173
Oechsli & Partner
Hans Peter Oechsli
Rheinstraße 17
8201 Schaffhausen/Schweiz
Telefon: 0041-(0)52-6247726
info@oechslipartner.ch
www.oechslipartner.ch

Örtliche Bauleitung (S. 170–171)
Moro & Moro
Studio d'architettura
6600 Locarno/Schweiz

S.174–175
Noichl und Blüml
Angelika Blüml und Klaus Noichl
Am Dummelsmoos 41
87561 Oberstdorf
Telefon: 08322-966620
info@noichl-blueml.de

S.176–181
Andreas Orgler
Architekt Orgler ZT-GmbH
Valiergasse 61
6020 Innsbruck/Österreich
Telefon: 0043-(0)512-362373
arch.orgler@tirol.com
www.architektorgler.at

S.182–185
Christian Pottgießer
8, rue du Pré aux Clercs
75007 Paris/Frankreich
Telefon: 0033-(0)1-56242228
pottgies@club-internet.fr

S.186–187
Schuller und Tham
Hans Schuller und Gerhard Tham
Gesundbrunnenstraße 3
86152 Augsburg
Telefon: 0821-37057
info@schuller-tham.de
www.schuller-tham.de

S.188–189
Architekturbüro Spital-Frenking + Schwarz
Prof. O. Spital-Frenking, M. Schwarz
Steverstraße 21
59348 Lüdinghausen
Telefon 02591-980880
architekten_sfs@web.de
www.spitalfrenkingschwarz.de

S.190–191
Architekten Stumpf + Wolfinger
Klaus Stumpf und Oliver Wolfinger
Annastraße 12
86150 Augsburg
Telefon: 0821-3463400
info@stumpf-wolfinger.de
www.stumpf-wolfinger.de

S.192–193
sturm und wartzeck
Wilhem-Ney-Straße 22
36160 Dipperz
Telefon: 06657-91450
mail@sturm-wartzeck.de
www.sturm-wartzeck.de

S.194–197
Walter Unterrainer
Atelier für Architektur
Marktgasse 17
6800 Feldkirch/Österreich
Telefon: 0043-(0)5522-74684
office@architektur-unterrainer.com

S.198–201
Walbrunn + Grotz
Emling 7b
85461 Bockhorn
Telefon: 0 81 22-18399
WGVL.Architekten@t-online.de

S.202–203
Architckturbüro Armin Walch
Alexander Wasle
Büro Telfs: Telefon 0043-52 62-6 41 14
Büro Reutte: Telefon 0043-56 72-64 24 20
Koeg 22
6600 Reutte/Österreich
archbuero@walch.co.at
www.walch.co.at

S.204–205
Birgitt Welter
Projektmitarbeiterin: Nicole Knake
www.bwelter.de
Köpenicker Straße 48/49
10179 Berlin-Mitte
Telefon: 030-30862567
b.welter@t-online.de
www.bwelter.de

S.206–207
Eberhard Wunderle
Am Dreieck 6
86356 Neusäß-Steppach
Telefon: 0821-4804440
sekretariat@wunderle-architekten.de

S.208–209
x architekten
David Birgmann, Bettina Brunner, Rainer Kasik,
Max Nirnberger, Lorenz Prommegger
Projektmitarbeiter: Gisela Hesser,
Christian Hoffmann, Franz Bauernhofer
Millergasse 13
1060 Wien/Österreich
Telefon: 0043-1-958 20 22
wien@xarchitekten.at

Industriezeile 36/4
4020 Linz/Österreich
Telefon: 0043-732-791 607
linz@xarchitekten.at
www.xarchitektur.at

BILDNACHWEIS

Dirk Altenkirch, Karlsruhe: S. 24-25
Archiv Architekten: S. 12-13, 16-17, 23 unten, 38-39, 46-47, 90-91, 126-129, 140-145, 148-149, 150-153, 154-155, 162-163, 168-169, 192-193, 206-207, 208-209
Gert von Bassewitz, Hamburg: S. 184-185
Stephan Baumann, Karlsruhe: S. 36-37
Luc Boegly, Paris: S. 182-183
Markus Bstieler, Innsbruck: S. 146-147
Deimel + Wittmar, Essen: S. 10-11
Thomas Drexel, Friedberg/Bay.: S. 18-19, 20-23, 28-33, 40-41, 42-45, 48-53, 58-63, 64-65, 66-71, 84-85, 86-87, 92-93, 94-95, 96-99, 100-101, 104-105, 106-107, 108-113, 114-117, 118-125, 130-131, 156-159, 160-161, 164-165, 170-173, 174-175, 186-187, 190-191, 194-197, 198-201, 202-203
Martin Duckeck, Ulm: S. 166-167
Ernst Haas, A-Fulpmes: S. 180-181
Arno Gisinger, Paris und Graz: S. 176-179
Brigida Gonzalez, Stuttgart: S. 34-35
Werner Huthmacher, Berlin: S. 204-205
Ignacio Martinez, Spanien: S. 132-133
Paul Ott, Graz: S. 14-15, 72-75, 82-83, 102-103
Punctum Fotoagentur, Leipzig: S. 76-81
Christian Richters, Münster: S. 54-57
Ricky Ridecos, Los Angeles: S. 88-89
Markus Tretter, Lindau: S. 134-135
Eva Schwarz, Dortmund: S. 188-189
Ulrich Schwarz, Berlin: S. 138-139
Kyle Yu, Taipeh: S. 26-27

Sämtliche im Buch enthaltenen Planunterlagen stammen von den jeweiligen Architekten und Planern. Ein Teil davon wurde von meinem Vater, Wilhelm Drexel, von Hand umgezeichnet.

DANKSAGUNG

Der Autor dankt insbesondere allen Eigentümern und Architekten der im Buch vorgestellten Häuser für die gute Zusammenarbeit und die in vielen Fällen gewährte Gastfreundschaft. Die Grafikerin Susanne Ebersberger hat auch diesmal wieder ein außergewöhnlich gutes Layout erstellt, das die Projekte ins beste Licht rückt. Programmleiter Roland Thomas hielt die Fäden zusammen und sorgte zusammen mit dem Autor und der Grafikerin für den Erfolg des Projekts TOP 100 HÄUSER.

IMPRESSUM

Bibliografische Information Der Deutschen Bibliothek
Die Deutsche Bibliothek verzeichnet diese Publikation
in der Deutschen Nationalbibliografie;
detaillierte bibliografische Daten sind im Internet
über http://dnb.ddb.de abrufbar.

2. Auflage 2007

Grafische Gestaltung: Susanne Ebersberger, DVA
Lithografie: Helio Repro, München
Druck und Bindung: Offizin Andersen Nexö, Leipzig
Printed in Germany

ISBN 978-3-421-03525-7